VIDA E HISTORIA

VALERIO MASSIMO Y FABIO MANFREDI

VIDA E HISTORIA

Instrucciones de uso

Traducción de Juan Carlos Gentile Vitale

Consulte nuestra página web: https://www.edhasa.es
En ella encontrará el catálogo completo de Edhasa comentado.

Título original: *La vita e la historia. Istruzioni per l'uso*

Diseño de la cubierta: Edhasa, basado en un diseño de Jordi Sàbat

Ilustración de la cubierta: Templo de Diocleciano en Palmira,
imagen vectorizada sobre grabado de 1895. © shutterstock

Primera edición: mayo de 2025

Diputación, 262, 2° 1ª
08007 Barcelona
Tel. 93 494 97 20
España
E-mail: info@edhasa.es

ISBN: 978-84-350-2770-5

Impreso en Liberdúplex

Depósito legal: B 6188-2025

Impreso en España

Índice

Premisa

Los textos incluidos en este libro, al cuidado de Fabio Emiliano Manfredi, abrazan un arco temporal de unos quince años y comparten un origen común: la oralidad. Son narracioness que llegan a nosotros desde algunos de los lugares de la palabra, por así decir, que Valerio Massimo Manfredi ha habitado hasta ahora de manera puntual e inconfundible: el escenario de un teatro, una silla junto a su entrevistador o en un estudio de televisión. En estos escenarios, Valerio Massimo Manfredi se ha medido en la disciplina que más le agrada, la de la historia o, si se prefiere, la disciplina de «las historias». En efecto, si hay una persona que sabe encarnar en su mayor grado la feliz y consciente intersección entre fidelidad a los hechos de la historia y fidelidad al dictado de la inspiración, y de las emociones, esa persona es ciertamente Valerio Massimo Manfredi. Arqueólogo, cartógrafo, docente, escritor, autor, personaje televisivo…, todas variaciones del uso de la palabra.

Quien conozca las obsesiones narrativas de Manfredi hallará entre estas páginas lugares, nombres y personajes encontrados en sus novelas: las vicisitudes históricas de Alejandro Magno, las vicisitudes épicas de Odiseo, el recorrido de los Diez Mil contado en la *Anábasis* de Jenofonte, las siete maravillas del mundo antiguo, el Imperio romano. Hasta en las páginas que más pertenecen a nuestra contemporaneidad, como demuestran las vicisitudes del protagonista de la novela *Quinto mandamiento*.*

* Novela *Quinto comandamento*, de V. M. Manfredi, Mondadori, 2018. No traducida al español.

¿Y qué más comparten estas contribuciones, que llegan de los teatros, los estudios de televisión y los escenarios compartidos con otros, como se indicaba, y que han sido recogidas sobre papel por primera vez? La fabulación, la capacidad de Valerio Massimo Manfredi de unir más y más hilos rojos que como por encanto componen ante nuestros ojos una sola trama: la gran historia del Mediterráneo. Una historia que parte de los egipcios, encuentra Micenas, roza a los partos y los macedonios, invade Grecia, pasa por Italia y llega más al norte, hasta Alemania, y se hunde en el África desconocida. Los nombres que leemos en estas páginas, Odiseo, los Tolomeos, Augusto, Tiberio, Druso –pero también Fidel Castro–, son los protagonistas de vicisitudes que sería un error garrafal definir como pasadas, relegándolas a un tiempo que ya no tiene nada que decirnos, además de una pérdida intelectual.

En estas páginas, Valerio Massimo Manfredi consigue, como en todos los otros contextos en que ha ejercitado su palabra, enseñarnos, en el sentido concreto de indicar, cómo el pasado es siempre un lugar del que extraer continuas lecciones para conocer más el presente, como si de veras para mirar hacia delante a veces fuese necesario darse la vuelta, escrutar un poco más a fondo, y reanudar el camino.

ENCUENTROS

Historia: instrucciones de uso

Mi vida ha transcurrido estudiando el pasado. Cuando me preguntan si de todo eso he aprendido el «secreto» para vivir bien el presente, siempre respondo: el secreto es no detenerse nunca, tener siempre algo nuevo que hacer. Imaginar, inventarse, y simplemente correr, moverse, no permitir que nuestra melancolía nos bloquee. La vida es una aventura tan extraordinaria que no hay motivo para perder ni siquiera un segundo.

Mi abuelo era un gran narrador. Un narrador popular y no profesional, aunque tenerlo con nosotros no era fácil, porque en este sentido era una especie de «estrella». Durante el invierno iba a los establos, todas las tardes, o casi, a contar historias. Era muy solicitado por las otras familias.

Cuando caía una gran nevada y no podía ir a trabajar, venía a nuestra casa. Entonces era todo para mí y para mi hermano. Lo escuchábamos durante horas y horas, mientras tenía ganas de contar.

Creo que fue precisamente de él, de mi abuelo, de quien heredé este deseo, y quizá también este talento para contar historias.

Nací en una familia de agricultores. Mi padre tenía dos granjas, que trabajaba con entrega y sacrificio. Fui educado con pocos y sencillos principios. Mi padre me decía siempre: «No quiero oír la frase "estoy cansado"». «No quiero oír decir "no soy capaz"». «No quiero que me digas "me han golpeado"; es más, si vuelves a casa y te han golpeado, yo te doy más». Me vendaba las manos y me hacía dar puñetazos a un saco de trigo, luego se marchaba y decía: «Cuando vuelva, debes estar aún ahí dando golpes». En resumen, crecí con pocas «historias». Fui a un internado a la edad de diez años, sometido a una disciplina verdaderamente durísima y allí permanecí durante otros seis.

Cuando me preparaba para el bachillerato y el profesor me preguntó: «¿Qué quieres hacer después?», yo respondí: «Letras clásicas». Él me dijo: «¿Por qué no vas a vender plátanos?». Cuatro años después, le regalé mi primera antología de historiadores griegos, publicada por Zanichelli.

Aún recuerdo una pregunta suya: era crociano, y me interrogó sobre un fragmento de Arquíloco, que fue un poeta arcaico, un mercenario, un personaje extraordinario. El tema era el fragmento de un verso que, traducido, suena así: «Oh, si pudiera tocar la mano de Neóbula». Han corrido ríos de tinta sobre esta frase: el rudo mercenario, el guerrero exterminador que tiene un pensamiento tan ligero, romántico, hermoso por una mujer. Él me llamó y dijo: «Venga, Manfredi, ¿se ha preparado? Lea el pasaje de Arquíloco». Leí el verso, y él: «Bien, coméntemelo». Y yo pregunté: «¿Puedo decir lo que pienso?». «Sí, por supuesto», repuso él. «Este es un fragmento –dije–, pero ¿qué sabemos acerca de qué otras cosas quería tocarle?». Explotó como una bomba. «Es usted un insolente, vuelva a su sitio», aulló, y me puso un cuatro. Luego, si no recuerdo mal, ocho años después, fue encontrado un papiro de Oxirrinco del que se desprende que Arquíloco, a Neóbula, quería tocarle verdaderamente todo. Por tanto, no estaba tan equivocado.

Para mí, la universidad fue una de las más hermosas aventuras. Después del examen de literatura griega, un amigo y yo nos fuimos a Grecia en autostop: queríamos ver todo lo que habíamos estudiado. Hicimos cuarenta días en autostop, los últimos cinco viviendo a base de pan y uvas pasas, una comida muy calórica que nos había regalado un señor de Corinto, que las producía. Al final fuimos a Ítaca para buscar el palacio de Ulises, que no estaba allí. Justo hace quince días estuve de nuevo allí, para ver la excavación realizada por un colega en un palacio micénico en el norte de la isla, a igual distancia entre los dos puertos. Mi amigo miraba la escalera tallada en la roca que subía al plano superior y me dijo: «¿No te parece ver a Penélope bajando por esa escalera?».

La ciencia y la imaginación son dos cosas que no siempre se llevan bien. Pero estoy convencido de que también la ciencia necesita imaginación.

Mi primera experiencia docente fue extraordinaria. Escuela secundaria. Recuerdo que entré a la clase y dije: «¿Qué debéis hacer hoy?». «Épica». «Muy bien, leamos la *Ilíada*». «¡Qué rollo!». «¿Cómo que "qué rollo"? Ésta es una de las mayores obras maestras de toda la literatura universal, ahora veremos». Cogí el libro X de la *Ilíada*, lo escenifiqué y luego organicé una representación teatral. Durante las horas de educación artística, los muchachos diseñaban los trajes, en los talleres realizaban las armas, y los de tercero hacían la instalación eléctrica; el profesor de Música escribió la banda sonora, el de gimnasia los preparó para las escenas acrobáticas. Salimos a escena con un duelo a espada y escudo, después de haberlos hecho entrenar antes con las propias manos, luego con armas de madera, y al final con armas de metal. Cuando empezó la banda sonora, y los tambores batían con ese ritmo obsesivo, tuve que interrumpir los ensayos porque, si no, los muchachos se habrían matado en serio.

En resumen, al final, se habían metido tanto en los personajes que interpretaban, los héroes de Homero, que, cuando terminó la gira –hicimos varias representaciones–, los muchachos estaban afligidos: me preguntaban si estaría también al año siguiente.

En la vida se necesita también suerte. Yo la tuve. Un día estaba en una excavación con un colega de la Universidad de Roma, en Lavinio, donde se había hecho un descubrimiento absolutamente increíble. Pensad que era el final de la temporada, se les había acabado el dinero y estaban a punto de cerrarlo todo. Mi colega le dijo a su asistente: «Hazme un agujero allí, que todavía no lo he intentado». Aquél hizo el agujero y estalló la ira de Dios. Más de cien estatuas, pensad, más de cien estatuas de terracota policromada a una profundidad de dos palmos del nivel del suelo.

Fue un momento extraordinario, pero que planteaba toda una serie de interrogantes y de hipótesis. Habíamos examinado una que era tan fascinante, que pensé que era material para una novela. Fue entonces cuando tuve la idea. Pedí una cita con un amigo que trabajaba en Mondadori y fui a ver al editor de literatura italiana, Alcide Paolini. Cuando llegué a su despacho, él me miró por encima de las gafas que tenía sobre la punta de la nariz y, con voz gélida, me preguntó: «¿Qué puedo hacer por usted?». Respondí: «Doctor Paolini, he venido aquí porque querría presentarle un proyecto editorial». Y él me dijo: «Pero ¿sabe que si todos vinieran aquí a exponernos sus proyectos editoriales ya no haríamos nada?». «Tiene razón, perdone, no molesto más», me disculpé, haciendo ademán de tomar la salida. Pero luego continué: «Pero, si me diera cinco minutos, me bastarían para demostrarle que, si no me los hubiera concedido, no se lo habría perdonado nunca». «Escucho».

Entonces le conté la historia como si fuera una película, con golpes de escena uno tras otro.

Cuando vi que lo había atrapado, dije: «Pero no quiero importunarlo más». «No, tenemos todo el tiempo que queramos, ¿por qué no se sienta y continúa? ¿Puedo ofrecerle un café?». Comprendí que había vencido.

Desde aquel momento desarrollé las dos profesiones: la de investigación, de excavación arqueológica, y la de la escritura.

Entre 1978 y 1985 realizamos un reconocimiento del itinerario de una antigua expedición militar. Recorrimos más de veinte mil kilómetros de pistas de tierra entre senderos intransitables de montaña. Fui arrestado tres veces en zonas fronterizas, e interrogado con dureza: y luego, cuando descubrían que se trataba de una cuestión militar de veinticinco siglos atrás, me soltaban.

Y así he seguido alimentando mi vida, tanto de un lado como del otro. Y en ambos campos he vivido experiencias extraordinarias.

Un día me llamó un productor de Cinecittà. Habían producido una película maravillosa, *El nombre de la rosa*, basada en una novela de Umberto Eco. Me dijo: «Quiero hacer una película sobre Alejandro Magno y me han dicho que eres competente. Necesito a alguien que tenga una cultura académica, pero también una predisposición de tipo creativo». Luego continuó: «Tú serás el asesor de mi director, Oliver Stone». Oliver Stone, hace dieciocho años, me mandaba faxes: y yo, a cada fax con preguntas, respondía con un dosier de citas literarias, imágenes, fotografías, esculturas, todo lo que había disponible.

Al final, el proyecto no salió. Estaba demasiado adelantado a su tiempo, la tecnología de efectos especiales digitales estaba entonces en sus inicios; la película habría costado un pastón.

Varios años después escribí mi trilogía sobre Alejandro, que, pensad, hasta hoy ha sido traducida a treinta y nueve lenguas, incluido el árabe, y se ha publicado en setenta y cuatro países.

Luego ocurrió que conocí a Dino de Laurentiis. Me llamó un día que estaba en el aeropuerto de Barcelona, y me dijo: «Aparte de la historia de Alejandro, ¿tienes alguna otra idea?». Dije: «Sí, tengo la idea de mi nueva novela». «¿De qué se trata?». «Es la historia de un grupo de legionarios romanos de mala muerte que son contratados por un misterioso personaje para una misión imposible: liberar de Capri al último emperador, un chico de doce años». «Fantástico, lo hacemos de inmediato».

Se necesitaron cinco años y veintinueve versiones del guion. Una empresa verdaderamente extenuante. Pero al final salió una película que ganó dos Óscar.

De niños, íbamos siempre a los campos a recoger fruta. Era un trabajo duro, porque era más la fruta que caía que aquella que quedaba en los árboles, y nos correspondía a nosotros recogerla. Mi hermano y yo siempre hemos ayudado en el campo. Hacíamos un mes de vacaciones en el mar; luego, cuando llegaba el tiempo de la cosecha, mi padre nos venía buscar: recogíamos las peras y luego volvíamos al mar.

Esto para decir que he comenzado pronto a hacer trabajos «de campo», como hacen los arqueólogos.

Pero quiero aclarar una cosa. Los arqueólogos, cuando van al campo, no es que vayan a descubrir algo de la nada. Ya sabemos qué hay allí; casi siempre lo sabemos. Luego, cierto, puede haber sorpresas. Se aprende un método: cómo se trabaja, cómo se busca, cómo se estudia, cómo se interpretan las fuentes.

Para hacer de arqueólogo sobre el terreno, hay que tener ganas de viajar.

Yo comencé a viajar de pequeño. Viajaba a mi manera, iba en ciclomotor. Tenía una Morini 50, luego una 125, siempre Morini, y cuando fui más mayorcito cogí una Guzzi v7 bicilíndrica. Bellísima, un poco remodelada. Una vez tuve un accidente bastante serio y destrocé mi Guzzi v7, ni siquiera quería arreglarla. Entonces un amigo de Frascati me vendió una para desplazamientos más breves. Porque seguía yendo a la excavación.

La arqueología es un viaje en sí misma, porque se viaja al pasado, se toca con la mano, se ven emerger las cosas del suelo.

La geografía del mundo antiguo, para mí, más que una pasión es un interés. La pasión es una especie de *coup de foudre*, un flechazo. Yo, en cambio, he llegado poco a poco, casi cocido a fuego lento: las clases de la señora maestra, las ilustraciones del libro de texto , luego la secundaria, el instituto, la escuela de arqueología, que me hizo entender estas cosas. Aquélla era una escuela excelente: construíamos el vehículo con el que desplazarnos, lo arreglábamos. Empleábamos meses y meses. Era emocionante encontrarnos todos los fines de semana para martillear, para desmontar, para desbloquear un bulón oxidado. Estábamos montando nuestros sueños.

Y luego charlábamos, íbamos a la pizzería, compartíamos el entusiasmo y el ansia de la partida inminente. Finalmente partíamos. Atravesábamos toda la Italia oriental, los Balcanes, Anatolia; luego Irán, Afganistán e Irak, el Líbano, Israel, Jordania, Marruecos, Mauritania, Libia, Túnez

Los primeros días después del final del viaje estábamos como aturdidos por todo lo que habíamos visto: ¿qué hacíamos aquí, en casa?, nos preguntábamos. Recomenzaba la vida normal y después de poco tiempo ya queríamos volver a partir: «¿Adónde vamos el año próximo?».

A menudo dormíamos dentro de las ruinas. Por ejemplo, en Siria, en Dura Europos, donde se encuentra una de las primerísimas iglesias cristianas conocidas. Recuerdo que leíamos las inscripciones de los legionarios romanos sobre las jambas de la puerta. Yo he tenido entre las manos el yelmo de Ur: es algo que no se puede olvidar. Y luego conocíamos a colegas de todo el mundo; podíamos permitirnos cosas que un turista nunca podrá hacer.

Cuando hicimos la expedición de la *Anábasis*, primero fuimos a Inglaterra. Allí compramos tres Land Rover, usados, obviamente; los pusimos a punto, luego volvimos a partir hacia Oriente. Lo hicimos tres veces, por un total de veinte mil kilómetros, y constatamos que el relato de Jenofonte es tan preciso que los lugares pueden ser reconocidos todavía hoy.

Una mañana me desperté –nos levantábamos muy temprano– y me dije: «Pero si este sitio ya lo he visto…». Uno de mis amigos estaba haciendo café, estábamos solos él y yo, los otros dormían. Entonces le comenté: «Oye, una cosa, ve derecho en esa dirección, detrás de aquel promontorio; del otro lado debería haber un río. Sigue la corriente hacia la derecha, después de doscientos o trescientos metros debería haber un espolón rocoso que va hacia el centro del río. Abajo debería haber una gruta. Si ves todo eso, vuelve de inmediato». Él fue. Luego volvió, pálido, y me dijo: «Pero ¿cómo lo sabías?». Y entonces le respondí: «¡Está escrito en la *Anábasis* de Jenofonte!». Claro, no está expuesto de manera explícita y directa, se trata de la ambientación de una batalla. Pero la reproducción del entorno es tan precisa que es reconocible a la distancia de veinticuatro siglos.

No sé cuántos libros necesitaría para contar todos los recuerdos ligados a las expediciones arqueológicas. Pero si desplazo el fuego de la memoria hacia mi carrera de escritor, no puedo olvidar cómo nació la idea de las novelas sobre Alejandro.

En realidad, no sentía una especial pasión por Alejandro. Llegué a escribir sobre él por una combinación de hechos. Era el tiempo de Christian Jacq y de su ciclo de novelas sobre Ramsés, que habían vendido algo así como tres millones de copias, y en Mondadori querían volver a intentarlo. Antonio Franchini, mi editor, me preguntó sobre qué gran personaje de la Antigüedad habría querido escribir y yo respondí: tal vez, Alejandro. Y Franchini: «Vamos de inmediato donde el profesor Gian Arturo Ferrari y lo hacemos». Me propusieron cinco volúmenes, y yo inicialmente disentí: «¡No, ni hablar! Luego dirán que quiero imitar a Christian Jacq». Fueron tan insistentes que en un momento dado propuse: «Mirad, hagamos así. Yo ahora tengo que ir a la montaña, estaré unos diez días y escribo. Me llevo mi música y escribo. Si veo que la historia despega, me arrastra y me entusiasma, os telefoneo y hacéis el contrato. De otro modo, habré perdido diez días. Pero no es para tanto, porque en diez días al menos me habré ejercitado en la escritura». Fue así que en aquellos diez días escribí cien páginas, a las que habrían seguido traducciones en treinta y nueve lenguas y publicaciones en setenta y cuatro países.

¿Y los romanos? Si alguien me preguntara por qué amo tanto la civilización romana, respondería simplemente: porque los romanos son como nosotros, son un poco nuestros abuelos. Construyeron carreteras, acueductos, calefacción bajo el pavimento, baños con agua caliente, tibia y fría, una red de carreteras de cien mil kilómetros y luego mercados, plazas, almacenes y puertos. Los romanos supieron pensar y realizar un Estado estructurado, esencialmente como los nuestros.

De los romanos al 2000 d. C., el vuelo es más que pindárico, me doy cuenta. Pero también este vuelo es un pasaje de la historia, de mi historia, que continúa enseñándome incluso cuando menos me lo espero. Como cuando tuve la posibilidad de ver a Fidel Castro, en Cuba, enviado allí por Mondadori, coincidiendo con la salida en español de la trilogía sobre Alejandro. Sin que ni siquiera me diese cuenta, me encontré escuchando un: «Señor Manfredi, el Comandante lo espera para cenar». Y yo pregunté: «¿Qué comandante?», y me subrayaron: «¡El Comandante!».

Me cambié, y cuando llegamos eran las once. Castro vino hacia mí, vestía de uniforme, tenía mi trilogía y me preguntó: «¿Cuánto hay de histórico y cuánto de ficción en este libro?». Yo respondí: «Todo lo que es histórico está en el libro. El resto es mío». «Interesante», fue su comentario.

En el momento de la comida, los puestos en la mesa estaban asignados. Yo era el tercero a su derecha. Me dirigí a mi puesto, pero me di cuenta de que mi nombre no estaba. Castro me había hecho desplazar a su derecha. Empezamos a hablar, no terminaba nunca. En un momento dado, hacia las dos, se adormeció. De pronto, se levantó, circunnavegó la mesa y se sentó de nuevo, diciéndome: «Ahora podemos continuar». Hablamos hasta las ocho de la mañana.

Una vez me hicieron esta pregunta: «Usted, que ha estudiado tan bien el pasado, ¿ha descubierto cuál es el secreto para vivir bien el presente?».

Mi respuesta es: no detenerse nunca, tener siempre algo nuevo que hacer. Imaginar, inventarse, y simplemente correr, moverse, no permitir que nuestra melancolía nos bloquee. La vida es una aventura tan extraordinaria, que no hay motivo para perder ni siquiera un segundo.

La guerra de Troya

Homero invoca a la musa al inicio de los dos grandes poemas sobre la guerra de Troya y sobre el regreso de Ulises a su patria. La musa invocada es Calíope, la musa amada por Apolo que preside la poesía épica y la poesía lírica. La madre de Calíope, y de todas las musas, es Mnemosine, diosa a la que se atribuye la personificación de la memoria y el poder de recordar. Todos estos nombres, junto con aquellos de los reyes y de los dioses guerreros que animan los dos poemas homéricos, nos enseñan cómo la lucha y el amor, el enfrentamiento y la nostalgia, son desde siempre materia de historias y de canto.

Una de las preguntas más difíciles, a la que el hombre no está aún en condiciones de dar respuesta, es: «¿Cuándo nació la conciencia?».

En la segunda mitad del siglo XX, un solitario y autorizado profesor de psicología de la Universidad de Princeton, Julian Jaynes, intentó razonar en torno a la cuestión y llegó a una tesis impactante.

Jaynes sostenía que la conciencia, así como estamos habituados a concebirla, nació hace unos tres mil años, a consecuencia de ese acontecimiento evolutivo que él define como derrumbe de la mente bicameral. Antes de esa fecha, según el psicólogo, la mayor parte de los hombres vivía como escindida en dos partes: por un lado, el hombre era controlado por el hemisferio derecho del propio cerebro, aquel ligado a las emociones, por el otro, era conducido por el hemisferio izquierdo, ligado al lenguaje.

Según Jaynes, el hemisferio derecho estaba poblado por voces: las voces de los dioses y de las autoridades que el hombre sentía como entidades externas, y con las cuales se relacionaba religiosamente. El advenimiento de la conciencia, en cambio, marcaría precisamente un derrumbe de esta separación radical. El hecho interesante, quisiera decir extraordinario, es que el testimonio de éste, según su teoría, sería precisamente el paso de la *Ilíada* a la *Odisea*.

¿Qué significa esto? Podríamos explicarlo con una fórmula: en la *Ilíada*, los personajes no meditan ni deciden; en la *Odisea*, los hombres, en cambio, se hacen autoconscientes. Como Ulises.

Es una tesis que no ha recibido ninguna verificación experimental o, en cualquier caso, decisiva, pero ha fascinado y continúa fascinando a algunos de los más importantes filósofos de la mente contemporáneos. Leer a Homero, el mítico y legendario autor de la *Ilíada* y de la *Odisea*, desde semejante óptica es, debemos convenir, bastante perturbador.

¿La guerra de Troya ocurrió realmente? Es un interrogante para el que, después de veinte siglos, aún no se ha encontrado respuesta. ¿Tenemos fuentes históricas de este hecho? La respuesta es no.

Tenemos unos poemas. Y, como sabemos, la épica antigua es un poco como para nosotros el cine: un modo de narrar que no tiende a decir la verdad, sino que aspira a comunicar emociones.

Tenemos dos enormes poemas escritos o creados por Homero: pero no sabemos en qué medida él tenía noticias o datos. Lo único seguro es que se trata de dos gigantescas obras maestras, dos pilares de la literatura occidental.

La *Ilíada* está ambientada bajo los muros de Troya y cuenta la ira de Aquiles. La *Odisea* narra las excepcionales aventuras de uno de los héroes que han participado en la guerra de Troya: Odiseo, o Ulises. Se han intentado asociar, de todas las maneras posibles, unos contenidos históricos a estas historias. Sabemos que, en los años veinte del siglo pasado, dos estudiosos estadounidenses, Milman Parry y Albert Bates Lord, llevaron a cabo unas indagaciones en los Balcanes pensando encontrar huellas de los poemas orales en las narraciones de los trovadores que aún vivían en aquellos lugares. Su hipótesis era que también Homero era un trovador. Consiguieron entender que había un origen común entre sus poemas y los de aquellos cantores vagabundos de ciudad en ciudad, de palacio en palacio, de aldea en aldea.

Pero si este tipo de narración oral y épica tuvo un éxito enorme, no debió de ser por casualidad. Algo tuvo que haber sucedido.

La historia contada por Homero es, ante todo, la de un secuestro. Helena, reina de Esparta, la mujer más hermosa del mundo, había sido secuestrada por Paris, príncipe troyano, hijo del rey Príamo. Este episodio había desencadenado la guerra. Naturalmente, nadie lo cree; quiero decir, en términos históricos. Pero la historia es bellísima, y da vida a muchas curiosidades y preguntas. Por ejemplo: ¿Helena fue verdaderamente raptada o estaba de acuerdo con su raptor, guapo, joven y fascinante? Y luego, ¿cómo se desarrolló esta guerra, si efectivamente fue combatida?

Se desarrolló en un contexto que nosotros diríamos de guerra mundial. Porque estuvieron implicados todos los occidentales, por una parte, los reyes de la Grecia del Peloponeso, de las islas y de Mesenia, donde había muchos reyes y barones micénicos; y, por la otra, pueblos que estaban al este, sobre todo, los troyanos.

Probablemente no fue el rapto de Helena el que provocó el conflicto. Hubo un enfrentamiento entre los poderosos de Occidente, es decir, los aqueos, y los de Oriente. De los poemas del ciclo troyano podemos suponer que había dos coaliciones: también del otro lado del Egeo había una coalición, como la había en Occidente, en Grecia. El rey Príamo tenía aliados: lo sabemos porque tenemos poemas que se inspiran en estas participaciones. Las amazonas, por ejemplo, eran mujeres guerreras que vinieron en ayuda de Príamo. Vivían en Anatolia, por tanto, en Oriente, y las guiaba su reina, Pentesilea. En muchos ciclos pictóricos y escultóricos podemos admirar escenas de combate protagonizadas por las amazonas.

Luego hay otro poema, la *Etiópida*. Los etíopes son los protagonistas de esta otra aventura, pero ¿quiénes eran históricamente? Eran los negros, porque etíope significa «cara quemada». Por tanto, la *Etiópida* es la aventura de guerreros negros que son guiados por un rey, un héroe negro, llegados de África para socorrer a Príamo.

En resumen, sea como fuere que se desarrollaran las cosas desde el punto de vista estrictamente histórico, la guerra de Troya debió de haber sido un acontecimiento enorme, porque suscitó memorias extraordinarias y maravillosas, bellísimas narraciones. Esta guerra debe de haber existido por fuerza, debe de haber sido combatida. Porque, de otro modo, no se explicaría cómo dio vida a por lo menos una docena de grandes poemas: más de cien mil versos llenos de historias maravillosas que aún hoy nos mantienen cautivos cuando las escuchamos.

Mi nombre es Nadie

Pero la guerra de Troya debe de haber ocurrido, porque la historia del regreso de Ulises a su casa, a su patria, es la historia de un Nadie que nos representa a todos. Es quizá la historia más elevada de todas, porque habla de un regreso. Porque cada viaje es un regreso.

Esta guerra, decíamos –un acontecimiento que ha desencadenado un ciclo poético de más de cien mil versos y doce poemas– no puede no haber existido. Entre los reyes, entre los barones micénicos que participaron en la empresa, entre los personajes más extraordinarios y fulgurantes, sobresalen dos nombres: Aquiles, el guerrero, y Odiseo, o Ulises, el hombre del ingenio multiforme, de mente colorida, el tejedor de engaños, pero también de empresas extraordinarias.

Se puede pensar que querer contar en una trilogía de novelas lo que ya ha contado Homero, del modo magistral que sabemos, es una locura. En realidad, con *Mi nombre es Nadie* he hecho algo distinto. He recogido todo el *corpus* relativo al rey de Ítaca: desde el nacimiento hasta el último, misterioso y enigmático viaje, uno de los más grandes misterios de la literatura universal. Para hacerlo, he necesitado tres novelas y tres volúmenes. En el segundo volumen de la trilogía he querido contar su regreso.

Los antiguos llamaban a estos viajes *nostoi*: los regresos de los héroes griegos a su patria después de la destrucción de Troya. De *nostoi* viene la palabra nostalgia: el dolor por el regreso, o también la tristeza del no regreso.

Ulises no quería la guerra. Sabemos, por cuanto queda de otros poemas, que hizo de todo para no ir. Porque, admitámoslo, desertar de una guerra es un hecho natural. Pero, antes aún, trató de evitar que esta guerra estallara.

Junto a Menelao, a cuya esposa habían raptado –la reina Helena, la mujer más hermosa del mundo–, Ulises se dirige a Troya para hablar con el viejo rey Príamo: «Es un hombre razonable –piensa el rey de Ítaca–, podremos negociar». En cambio, no fue así.

Ulises, como dijimos, no quería esta guerra. Partió dejando a su esposa, que quizá era solo una quinceañera, y se acababa de unir a él en el vínculo del matrimonio y amamantaba a un hijo que ya comenzaba a balbucear. Sin embargo, en ese punto, si la guerra no podía ser evitada, había que ganarla. A toda costa.

Y será él, Ulises, quien ganará esa guerra. No Aquiles, el más fuerte, el más fulgurante, que pone en fuga a los ejércitos con su voz atronadora, que asusta a los caballos y los hace enloquecer de terror. Sino Ulises, porque él es la *mente laberíntica*.

Es él quien proyecta la máquina tremenda, aquella máquina dentro de la cual se ocultarán los mejores y bajarán del vientre del caballo e irán a abrir las puertas, mientras otros harán las señales con las antorchas: y la flota que parecía haber partido, pero estaba escondida más allá de la isla de Ténedos, volverá atrás y en breve la noche se llenará de gritos y sufrimiento.

Luego Ulises tendrá que regresar. Ese *nostos* que es una serie de formidables aventuras.

Ulises quedará, al final de la guerra, con una sola nave para regresar. Llegará a una isla dominada por una misteriosa, omnipotente y solitaria presencia femenina, una criatura capaz de todo. Se llama Circe. Ella es la que transforma a sus compañeros en cerdos. Y, cuando llega, Circe intentará seducirlo de inmediato: «¿Por qué no subimos, por qué no subimos a la cama? Enlazados por el amor ya no tendremos miedo de nada, ya no tendremos ningún deseo de batirnos el uno contra la otra».

Pero Ulises le apunta la espada a la garganta y le exige: «Primero devuélveme a mis compañeros». Allí, en la isla de Circe, permanecerán un año. Lo repetirá Dante en el canto XXVI del *Infierno*:

Cuando me separé de Circe
que por más de un año
me retuvo en Gaeta
antes de que Eneas así la llamase.

Después de Circe, y las sirenas, y Escila y Caribdis y las vaquillas del dios Sol, Ulises atracará en la isla de los feacios.

Y allí ocurre otro episodio extraordinario, desde el punto de vista narrativo. Una princesa, Nausicaa, hija del rey Alcínoo y de la reina Arete, se enamora de este misterioso personaje, que se revela como el hombre que ha derribado los muros y las torres de Troya.

Aquí el poeta épico no tiene la posibilidad, ni quizás el tiempo, de contar todos los detalles. Así, los lectores no sabemos qué sucedió tras la partida de Ulises, cuando el rey Alcinoo le dio una nave que habría encontrado la ruta, sola, y lo habría conducido a su isla. Y nos preguntamos: ¿cómo se habrá separado Ulises de la joven princesa que lo había salvado?

En mi novela, he intentado imaginarlo y contarlo.

Nausicaa dice:

–¿Ha llegado el momento del adiós?

–Sí –responde Odiseo.

–¿Has visto? La profecía (según la cual, si los faiakes hubieran ayudado a un enemigo de Poseidón, habrían sufrido desgracias) no espanta a tu pueblo, y tampoco la estación desfavorable.

–No quería. He pedido a tu padre una barca que pudiera gobernar solo. Yo habría añadido el timón, pero no lo he convencido. Me dará una nave, los remeros y dones riquísimos que no merezco. Tus padres son como númenes inmortales cuando se sientan en el trono, y cuando hablan muestran el afecto y el calor de simples hombres.

–Hermosas palabras. Pocos saben hablar como tú, Odiseo, hijo de Laertes. ¡También para decirme adiós has preparado unas palabras tan hermosas! Palabras que yo pueda recordar cuando yazca en mi lecho mirando en invierno el mar que se vuelve gris.

–No hay palabras, mi pequeña *wanaxa*, reina dulcísima. Para mí, sólo dolor, desgarradora melancolía.

–¿Recuerdas qué me dijiste aquel día en que apareciste ante mí desnudo y sucio, cubriéndote la ingle con unas ramas?

–Sí, claro, lo recuerdo. «Te lo ruego, señora, ¿eres una mortal o una de las diosas que poseen el cielo infinito? Sólo con Artemisa podría compararte…», se me rompió la voz.

–Te creía, ¿sabes?

–E hiciste bien. Decía la verdad. Tú no sabes qué significa pasar días y noches en la oscuridad, en el frío y en la desesperación, al borde del abismo, y luego una mañana despertarse con gritos de muchachas y encontrarse frente a una aparición como tú, radiante, con ojos de ámbar y labios como pétalos de loto, voz hechizadora. De veras pensé que eras una diosa porque no habías huido como todas las otras.

–Quizás habría debido hacerlo. Ahora te marcharás y no volveré a verte.

–Ésta es la única verdad, no quiero decirte palabras de miel, sólo te harían daño.

–¿Tú sabes qué me haría daño? ¿Y también sabes qué me haría bien?

Odiseo inclinó la cabeza, confuso.

–¡Te lo diré yo, Odiseo glorioso, hijo de Laertes, rey de Ítaca, destructor de fortalezas! Yo te he acogido, la única entre mis compañeras que no huyó. Te he alimentado, lavado y vestido, te he recibido en mi casa, he implorado a mis padres que te ayudaran.

–Es verdad, y por ello estarás siempre en mi corazón, mientras viva.

La muchacha preguntó:

–¿Harías algo por mí?

–Lo que sea.

–Entonces dame un beso: el primero y el último, el único.Y luego vete. No quiero que me veas llorar.

Odiseo se acercó, Nausicaa le ciñó el cuello con los brazos. Luego la besó.

–Hay momentos que pueden valer toda una vida. Esto vale por todo lo que he hecho por ti. Adiós.

–Adiós, princesa adorada. Que los dioses te den felicidad todos los días de tu vida.

Nausicaa huyó y Odiseo la oyó llorar hasta que desapareció en las estancias oscuras. Era la hora en que se encienden las lámparas, el último resplandor de fuego se había apagado sobre el mar.

Así el rey de Ítaca regresa en esa nave mágica que reconoce su ruta. Una nave que ni siquiera tiene timón, pero en un día y una noche puede recorrer muchas millas, una distancia infinita.

Odiseo es dejado, al fin, sobre la playa de Ítaca, solo.

Duerme profundamente, y cuando se despierta no reconoce el lugar.

–¿Dónde estoy? ¿Será un pueblo temeroso de los dioses o un pueblo salvaje, antropófago, violento, que no respeta a los huéspedes?

Y mientras piensa esto oye un tintinear de campanillas. Llega un pastorcillo con un rebaño y Odiseo le pregunta:

–Pastor, ¿puedes decirme qué lugar es éste? ¿Puedes decirme dónde está la ciudad, si hay alguna?

El pastorcillo se acerca. Tiene los ojos verdes, penetrantes. Dice:

–Debes de venir desde muy lejos si no sabes qué es este lugar: es la tierra más famosa de todo el mundo porque aquí ha nacido el rey de Ítaca, el vencedor, el destructor de Troya. ¿Quién eres?

Odiseo, como tantas otras veces, se inventa una historia falsa:

–Soy el hermano del rey Idomeneo de Creta. He sido raptado por unos piratas.

Y continúa contando otras historias inventadas. El pastorcillo se le acerca, y Odiseo siente un estremecimiento, algo sobrenatural. Le tiende la mano y lo acaricia.

–Incorregible mentiroso.

Atenea, ¿eres tú? ¿Por qué no conseguía verte? ¿Por qué no has venido a ayudarme cuando aullaba, gritaba e imploraba en medio de la desesperación?

–Yo estaba siempre a tu lado, eras tú quien no me veías. Pero ahora debes volver. Yo estaré a tu lado.

Y así, Atenea, bajo la apariencia de un pastorcillo, lo toca por primera vez con la mano, y le indica el camino.

Pero antes lo transforma: el pelo pasa de castaño a gris, el rostro se arruga, el cuerpo se encorva. Luego le quita las magníficas prendas que le ha dado el rey Alcinoo, lo cubre con harapos, le pone en bandolera una cuerda grasienta y pegada a ella una alforja sucia. Así se presentará.

Odiseo se pone, pues, en camino y llega a la cima de una colina. Aquí hay un hombre que era mucho más joven cuando Odiseo partió. Es el guardián de sus rebaños, el porquero Eumeo. Mientras Odiseo está llegando, el perro corre a su encuentro. Eumeo lo reclama, luego sacrifica un cochinillo para dar de comer al huésped. Así, duermen cerca del fuego, porque aquella noche hace frío.

Por la mañana oyen que los perros ladran a alguien que conocen. ¿Quién será? Es Telémaco, su hijo. Ha regresado de su viaje, llevando consigo a un personaje inquietante, el vate asesino. Un hombre que sabe leer el futuro, pero que ha matado a otro hombre y es perseguido por sus parientes, que lo quieren matar. Telémaco le ha hecho sitio en su nave y lo ha dejado libre apenas han atracado.

Eumeo acoge a Telémaco, los dos se abrazan como si fueran padre e hijo:

–Muchacho, creíamos que estabas muerto.

Porque los pretendientes al trono, los próceres, le habían organizado una emboscada. Luego, mientras el porquero va donde Penélope para anunciar el retorno de Telémaco, la diosa Atenea permite que el joven reconozca a su padre.

No se habían visto en veinte años: ahora lloran el uno en los brazos del otro.

Y luego piensan en que debe hacerse justicia.

Odiseo debe regresar al palacio y hacer justicia. Pero ¿cómo? Tendrá que derrotar a cincuenta jóvenes armados, fortísimos. Y luego él tiene otro miedo que le atenaza el corazón: ha perdido a toda una generación de jóvenes de Ítaca que duermen en el fondo del mar. ¿Exterminará también a los otros, como le impone el oráculo de Tiresias? ¿Cómo podrá conquistar su propia casa?

Lo hará del mismo modo en que ha expugnado Troya. Se transformará en el caballo de Troya de sí mismo. Escondido bajo aquellos harapos, sucio, con aquella alforja.

Sólo una criatura lo reconoce en su casa. En un momento dado oye gemidos, raspar el terreno detrás de él. Se vuelve: es Argos, su perro, que lo ha esperado durante veinte años.

Nosotros sabemos que los perros no viven veinte años; pero Argos es una criatura poética que ha gruñido a la muerte, la ha mantenido alejada porque antes de morir quería ver de nuevo a su amo.

Ulises se vuelve hacia él. Argos corre hasta llegar a sus pies y allí exhala el último aliento. El héroe se cubre con el borde del manto, esconde las lágrimas: y luego entra en su casa, donde lo acogen alaridos y ruidos, una masa de jóvenes arrogantes que se dan un festín, beben y gritan. Cuando lo ven se burlan de él:

–¡Mira a los huéspedes de Telémaco! Son unos pordioseros, unos piojosos repugnantes.

Y le tiran encima lo primero que encuentran.

Odiseo, mientras está mendigando un trozo de pan, a duras penas evita el golpe y dice a quien lo ha insultado:

–Tú, que casi me has dado, que los dioses que protegen a los miserables te den lo que mereces. Tú que me niegas ese pan que ni siquiera es tuyo.

La ira aumenta aún más. La diosa, en tanto, le dice al oído:

–Quieto. Aún no, aún no.

Mientras, la reina baja de su cuarto. Odiseo está enfrente de Penélope, que no lo reconoce. Y una vez más debe mentir: también porque no se fía. En el Hades se encontró con la sombra de Agamenón, que había sido asesinado por su esposa.

–El suelo estaba todo sucio de sangre –le contó Agamenón–, la perra no tuvo el corazón de cerrarme los ojos mientras descendía, gimiendo, al Hades. No te fíes, Odiseo, cuando regreses. Ni siquiera de tu esposa. Di una cosa y piensa otra.

Así, Odiseo cuenta a Penélope que es cretense, que conoció al rey de Ítaca y que lo alojó durante doce días en su propia morada. Y que ha oído decir que aún estaba vivo.

Luego la reina da una orden a la vieja Euriclea, que había sido la «niñera» de Odiseo:

–Ayúdalo, lávale los pies, dale ropas limpias. Quizá alguien haga lo mismo con tu amo.

Hace sentar al mendigo, se arrodilla a sus pies y comienza a lavarlo; hasta que su mano se detiene en la rodilla del huésped. Hay una cicatriz que él, Odiseo, aún por poco no reconocido, se había hecho yendo a cazar jabalís con su abuelo Autólico. El pie se le escapa de las manos y acaba en la palangana con un fuerte ruido, el agua se expande alrededor. Él le aprieta el cuello con la mano.

–¡Calla, *mai*!

Mai quiere decir niñera.

–¡Calla o deberé estrangularte! –advierte Odiseo.

La mujer tiembla y luego le dice:

–Vete, mi niño.

Y sube donde la reina.

Odiseo, aún extranjero en su patria, ahora está listo.

Penélope lleva el arco, que nunca ha dejado el palacio, ni siquiera cuando su marido se fue a la guerra. Y convoca una competición.

–A aquel que consiga tensar este arco, cargar la flecha, pasar a través de los agujeros de doce hachas dobles y dar en el blanco, le seguiré y seré su esposa.

Penélope había reconocido a su marido, y sabe que ahora debe mostrarse. Así, se ofrece como premio de aquella competición de jóvenes fortísimos. Cuando llega el momento, Odiseo se adelanta.

–Jóvenes príncipes, nobles príncipes, dejad que lo intente yo también. Dejad que vea si ha quedado algo de mi antiguo vigor.

Todos se escandalizaron por la arrogancia del mendigo.

–Pero antes probaréis vosotros.

Los jóvenes no consiguen ni siquiera cargar el arco. Al final dicen:

–Si no han estado en condiciones los más bellos y fuertes jóvenes de la nobleza de estas islas, ese mendigo no puede participar.

Pero Penélope ordena:

–Traedle el arco.

Y de inmediato, como por encanto, Odiseo se quita los andrajos, está cubierto por una coraza centelleante; sus músculos se tensan en los brazos y en el pecho y al lado aparece Telémaco, cubierto de un bronce cegador, y por fin Eumeo. Y comienza la matanza: mientras, según la orden, un grupo de músicos entona una nenia o canto festivo, de modo que fuera no se oigan los alaridos y los gritos de quienes están muriendo.

Odiseo los matará a todos. Y, antes de que comenzase todo, mientras aún éstos seguían la juerga, bebían y se burlaban de él, el vate asesino había predicho:

–Veo el sol negro, veo la tierra cubierta de tinieblas, marchaos mientras estéis a tiempo o moriréis todos.

Éstos habían comenzado a reír, con una risa convulsa e incontrolable. Reían y derramaban lágrimas al mismo tiempo. Reían y tenían los ojos llenos de terror.

Y entonces llega Penélope y propone la competición del arco.

–Mi marido sabía tender este arco, veamos qué sabéis hacer vosotros.

Veamos de qué sois capaces.

Y luego vendrá la masacre, como bien sabemos.

En este punto, en el poema de Homero, los parientes de los jóvenes que han muerto se arman para vengarlos y exterminar a toda la familia real: el viejo rey Laertes, Odiseo y el príncipe Telémaco. Odiseo arma a los hombres que le son fieles y se dispone a combatir de nuevo. El viejo Laertes mata a Eupites lanzando una jabalina, en realidad ayudado por Atenea-Méntor. En aquel momento, Atenea detiene a Telémaco y a su padre de matar a los otros.

En este momento, creí que debía hacer otro añadido novelesco. Me pregunté: ¿cómo podrá Odiseo devolver la paz a su Ítaca?

Entonces devolví a escena a este personaje, Femio el cantor, que pregunta al rey de Ítaca:

–¿Cómo podrás mañana mirar a tu pueblo a los ojos? ¿Cómo podrás mirar a los ojos a los padres de estos muchachos que has exterminado? Después de haber perdido a una generación entera de jóvenes nobles de estas islas.

Odiseo baja la cabeza. El furor se ha desvanecido. La noche de amor con la esposa que ha soñado durante tantos años se ha prolongado, la diosa ha mantenido alejada a la aurora, para que se saciaran de amor. Pero ahora mira a la cara a la realidad. Y, por tanto, acepta la paz.

Al día siguiente de la masacre, Odiseo convoca la asamblea del pueblo. Y he aquí que aparecen el rey del pasado, Laertes, y el rey del presente, Odiseo. Y el rey del futuro, Telémaco. Así, el soberano habla a su pueblo:

–Itacenses, escuchad. Soy Odiseo, hijo de Laertes, de vuelta a la tierra de sus padres. Para evitar la guerra fui a Troya con el *wanax*, el rey, Menelao de Esparta, para pedirle a Príamo que devolviera a Helena. En vano. Así comenzó una guerra que duró diez años. En todo ese tiempo cuidé a los hijos que me confiasteis. Muchos de ellos eran para mí como hermanos, siempre estuve al frente, en la batalla, no detrás. Siempre auxilié a los heridos y a quienes estaban en dificultades. Muchas veces arriesgué la vida. Tuve que abandonar a la esposa que hacía poco había conducido a mi casa, al hijo aún balbuceante, al príncipe Telémaco al que ahora veis resplandecer con sus armas. Si hubiera tenido suerte os habría devuelto a la mayoría de aquellos que me habían seguido, un gran botín y la gloria. Juntos habríamos llorado a los caídos y elevado un gran túmulo cerca del mar para recordarlos. No ha sido así. Nos batimos con valor, sin olvidar nuestra tierra y a nuestras familias, pero las tempestades, los dioses adversos, monstruos sanguinarios, pueblos feroces y salvajes dispersaron mi flota, mataron a mis compañeros, hundieron las naves. Solo yo sobreviví. ¿Qué habría debido hacer? ¿Perder la esperanza y establecerme entre pueblos desconocidos en tierras lejanas? ¿Renunciar a ver de nuevo mi isla, a mi esposa, a mis padres, a mi hijo, a mi pueblo? ¡Nunca!

Y luego está el final. ¿Qué le sucederá, después de aquella pacificación, al héroe?

Según la profecía de Tiresias, Odiseo debe partir otra vez. Deberá decírselo a su esposa, que lo ha esperado durante veinte años, y a su hijo. Imaginad: ¿cómo hace un hombre, incluso con la mente laberíntica de Odiseo, para decirle a los suyos que volverá a partir?

–Partiré mañana –dice, mirando a la cara a su hijo, su mujer y quizá también a la diosa Atenea.

Como novelista, pensé que debía suceder algo. Algo que le dijese que debía partir.

Una mañana, antes del alba, Odiseo camina por la playa y con las primeras luces le parece ver un objeto que se mueve sobre las olas. Este objeto poco a poco viene hacia él, cada vez más: hasta que lo reconoce, reconoce qué es eso ante sus pies.

Lo recoge. Es un remo.

–Con un remo al hombro irás lejos, hasta encontrar a los pueblos que no conocen el mar.

Odiseo mira este remo: se da cuenta de que es la última reliquia de su nave.

En la empuñadura está tallada una mariposa. Es el remo de Polites. Se acuerda de él, muerto al caer de los tejados de la casa de Circe. Ahora ya no puede aplazarlo. Deberá partir. Quizá regrese, o quizá no, y esta vez será para siempre.

La verdad de la novela histórica

Las novelas no cuentan hechos, o por lo menos no solo hechos, que son objeto de estudio de los historiadores. La tarea de los novelistas es contar acontecimientos verosímiles, que consigan suscitar emociones, que nos permitan conocernos mejor y conocer nuestros orígenes. Incluso tres líneas que recuerdan una antigua exploración, hasta el nacimiento del Nilo, pueden ser fuente de una novela, en que la fantasía encuentra su camino hacia las emociones.

La novela que escribí, titulada *Antica Madre*, nació por casualidad: como ocurre, después de todo, con mucho de lo que nos concierne.

Un día buscaba una obra de Séneca, el gran filósofo, el hombre que de algún modo domesticó, durante cierto tiempo, a alguien como Nerón. Séneca escribió una obra titulada *Naturales Quaestiones* (fenómenos naturales). Bajé del estante de mi despacho una copia de esta obra y comencé a hojearla para buscar un tema que me interesara. En un momento dado, descubrí algo que ignoraba por completo. Me avergüenzo un poco de decirlo, porque es una omisión tan grande que no se podía ignorar.

Lo que me detuvo fue poco más de una frase: «Allí vimos dos rocas, de las cuales caía impetuosamente una gran veta. Sea el manantial, sea un afluente del Nilo». La fuente de Séneca era el testimonio de un centurión romano.

En aquel periodo, parece –aunque no estamos seguros– que el emperador Nerón estaba desarrollando un interés muy particular por lo que hoy llamamos Sudán del Norte. ¿Por qué motivo? Nadie lo sabe, tal vez por el oro. Porque en el sur de Egipto había oro. Todo el oro de la tumba de Tutankamón provenía de allí, de una localidad llamada Berenice Pancrisia (en efecto, Pancrisia quiere decir *toda de oro*).

La que quiero compartir ahora es una idea mía, porque no tenemos ningún testimonio completo. Esta idea es que... Pero, esperad, antes de decírosla debo hacer una premisa. Sobre Nerón.

Nerón no era un estúpido: era extraño y extravagante, eso sí, había matado a su madre, era un pacifista, pero se rodeaba de generales nunca doblegados ni derrotados por nadie. Séneca fue uno de dos sus mentores. Dos consejeros preciosos: tanto es así que, mientras estas dos personas, el prefecto del pretorio Sexto Afranio Burro y el gran filósofo Séneca, estaban junto a él, las cosas iban bien. Los problemas comenzaron cuando los apartó.

Pero volvamos a nosotros. En aquel período, probablemente Séneca, que era aún muy importante para Nerón, estaba escribiendo las *Naturales Quaestiones*. Es una obra llena de preguntas: ¿cómo es que en ciertas zonas se forman lagos? ¿Cómo es posible que en los ríos el agua corra siempre? ¿Y los terremotos? ¿Cómo es posible que algo que no conocemos sacuda la tierra, la haga temblar?

El filósofo, en aquel momento, tenía un enorme interés por el Nilo. ¿Cómo es posible la crecida del Nilo? Primero lo inunda todo y luego se retira. ¿Por qué ocurre? ¿Y si un buen día, es más, un mal día, el río dejase de inundar el territorio? Al este y al oeste sólo había arena candente. ¿Cómo habrían sobrevivido los egipcios? Y no solo ellos. Egipto era el país más rico del mundo antiguo, sobre todo porque vendía comida: vendía trigo y con el trigo se hace el pan. Estos suministros iban sobre todo a Roma. Por tanto, para Roma, que tenía un millón de habitantes que alimentar, era importantísimo saber cuál era el mecanismo por el que el Nilo primero lo inundaba todo y luego se retiraba. Y, cuando en el hidrómetro el nivel comenzaba a descender, primero por un año y luego por dos y acaso también tres, la gente entraba en pánico.

Séneca sabía perfectamente que el sabio, el filósofo, no está ahí solo para contemplar las capacidades de su mente. Debe poner la mente al servicio de la gente. Consideremos también que los romanos habían inventado las obras públicas: habían construido ochenta mil kilómetros de carreteras pavimentadas, dos veces la longitud del Ecuador.

Y entonces Séneca habría dicho a Nerón:

–Ahora la expedición ha avanzado suficientemente. En vez de hacer una guerra y una invasión –¿el Imperio no es ya bastante grande?–, ¿por qué no vamos a buscar las fuentes del Nilo? Porque allí está el secreto de las crecidas.

Sobre el origen de estas crecidas había quien sostenía: «Habrá nieve allá arriba. Se derrite y viene la crecida». Pero ya Heródoto no estaba de acuerdo: «No digamos tonterías, ¡cuánto más al sur se va, más calor hace! ¡No puede haber nieve!». En realidad, se equivocaba, porque había nieve. En el Kilimanjaro, por ejemplo, o en el Ruwenzori. Pero, en aquel período, no sabían mucho de la geografía de esos lugares. Por ejemplo, que donde empezaba el Nilo había un lago, el actual lago Victoria, grande como un mar, con millones de metros cúbicos de agua que ejercían una presión increíble.

Por tanto, Séneca sugirió:

–Mandemos a estos muchachos, que ya están listos.

Se refería a dos centuriones, algunos centenares o quizá más de legionarios y, cosa extrañísima, también algunos pretorianos. Extrañísima porque los pretorianos no dejaban nunca la capital, eran la guardia del emperador. Es muy probable que en estas circunstancias los pretorianos fueran llamados a ejercer una de sus funciones más delicadas: desarrollar actividades de «inteligencia».

En este punto, se podía iniciar el viaje de remontada del río. Pero, ¿por cuánto? En esa época no se sabía que el Nilo corría seis mil kilómetros. El único modo de saberlo era navegar. Había un problema: el río va de sur a norte. Remontar en esa dirección era un problema prácticamente insuperable. ¿Y entonces? ¿Qué se podía hacer?

Yo tengo una hipótesis: de modesto estudioso, que, no obstante, está acostumbrado a razonar desde pequeño.

El Nilo tiene cinco cataratas, en cinco posiciones muy alejadas la una de la otra, con el fondo rocoso que emerge, y con diversas cascadas. ¿Cómo era posible proseguir en esas circunstancias?

Trescientos años antes de Nerón, Alejandro de Macedonia se encontraba al final del Tigris y el Éufrates, cerca del golfo Pérsico, y había necesitado setenta naves. Para resolver la cuestión, debió dirigirse a los fenicios de Tiro y de Sidón, ciudades que distan centenares de kilómetros del Éufrates.

Pero ¿por qué a los fenicios?

Lo aprendimos hace muchos años, cuando se encontraron los restos de una nave fenicia. Los trozos de la embarcación fueron recuperados y luego puestos en un baño para evitar que se secaran y se hicieran polvo. Se notó que había letras del alfabeto sobre los trozos de la nave. Cuando los juntaron, los arqueólogos comprendieron que aquellas letras eran señales para el ensamblaje de la embarcación.

¿Qué hicieron, pues, los fenicios? Realizaron todas las piezas, cargaron los carros, los llevaron hasta el Éufrates y, por último, ensamblaron la flota. De este modo, Alejandro tuvo sus setenta naves, sin problemas.

Yo creo que estos legionarios, con sus centuriones y oficiales, pudieron tener algún diseño, algún esbozo del proyecto. Porque remontaron el Nilo de la única manera posible: construyendo todas las piezas y ensamblándolas: no sabemos de cuántas embarcaciones, quizá no más de cinco.

Desmontaban, cargaban las piezas sobre los carros, la tablazón, atravesaban la catarata, volvían a montar las naves y reanudaban la navegación. El mismo procedimiento tenía lugar cuando llegaban a las siguientes cataratas.

Es un hecho que las palabras de Séneca dicen la verdad. Al final, los romanos llegaron. Algunos estudiosos sudafricanos, que conocen esa área como la palma de su mano, leyendo las páginas de Séneca han reconocido las cascadas Murchison.

Pensemos por un momento en estos legionarios romanos, junto a sus centuriones, hombres de acero. ¿Qué habrán sentido al abandonar el Mediterráneo para llegar a seis mil kilómetros al sur de las orillas del Mare Nostrum?

Algunos de ellos regresaron, y uno de ellos escribió un diario, una memoria. Séneca lo cita. Pensad, de una empresa de tal enormidad solo tenemos algunas líneas. Entre ellos y nosotros hay sólo un hombre: Séneca.

¿Qué sentiría el filósofo romano cuando vio a estos hombres de hierro y acero entregándole el diario? Ese hombre, ese soldado, habría escrito sin duda todos los días. Si alguna vez apareciera ese texto, si alguna vez se hallara, su valor sería inestimable.

Pero esas tres preciosísimas líneas del gran Séneca nos hablan de una empresa titánica. Estos soldados muy probablemente regresaron a su patria entre el incendio de Roma y la conjura de los Pisones: se encontraron su ciudad, la capital del mundo, en gran parte quemada. Ellos, que habían desafiado las corrientes del Nilo, que quizás habían visto el Kilimanjaro.

Pensad en cuando volvieron los astronautas estadounidenses que pisaron la Luna: la alegría de la gente, millones de confetis lanzados sobre ellos. Acogidos como héroes, porque eran héroes.

Estos soldados romanos probablemente no tuvieron nada de todo eso, sino más bien una amarga sorpresa: su ciudad, aquella por la que habían realizado una empresa tan heroica, casi destruida.

La historia que escribí en mi novela *Antica Madre* es ficticia, pero no es una ficción disparatada. Ninguna de esas aventuras es simplemente invención o imaginación. Ciertamente, un escritor sin imaginación es como un atleta sin músculos. Y cuanto se escribe en una novela histórica debe ser verosímil. Por eso todo lo que escribí en ese libro es verosímil.

El inicio que pensé para esta historia es particular. Hay soldados que van a la caza de animales salvajes en el norte de África. Porque los llevan a Roma para hacer las *venationes* en la arena. Quién sabe cuántas especies de animales salvajes se extinguieron por esto; es terrible sólo pensarlo. Pero en aquellos tiempos la naturaleza era tan poderosa que se creía que no se extinguiría nunca.

¿Qué habrán sentido nuestros héroes remontando el Nilo y viendo un número enorme de animales salvajes, desmesurados rebaños de herbívoros que galopaban por esas inmensas praderas? ¿Qué habrán sentido al ver manadas de elefantes salvajes? Y luego los antílopes, las cebras Estos héroes se habrían quedado sin aliento, ninguno de ellos habría visto nunca nada semejante.

Estaban también los humanos, un pueblo que vivía en casi todo este continente. Los llamaban etíopes, aunque no porque vivieron en ese territorio que hoy aún llamamos Etiopía. Porque esa palabra quiere decir: cara quemada. Por tanto, los etíopes son los negros. En un momento dado, después de haber enjaulado a todos esos animales salvajes, yo escribí que en el último de esos carros metían a una muchacha etíope. Es decir, negra, morena. Es llevada a Roma para hacerla combatir en la arena; mientras que ella, en la capital del mundo, irá en busca de un Hércules negro.

Ésta es una invención mía. Pero también Homero, el titánico poeta, habló de sirenas, de monstruos, de cíclopes. Sabemos que no existen ni las sirenas ni los cíclopes, así como nunca han existido todas las demás criaturas que se inventó el poeta. En un contexto literario es posible inventar: porque podemos y debemos escribir *una* historia, no *la* historia. Por lo demás, si no tuviéramos la *Odisea* seríamos infinitamente más pobres.

Yo, modestamente, imaginé que al final del continente africano había una tribu. Esa tribu poderosa tenía raíces lejanísimas. En efecto, todas las tribus descendían de la Antica Madre.

Pensemos solo en Lucy, el esqueleto de un ejemplar hembra, el primero en ser descubierto, *Australopithecus afarensis*. Cuando lo encontraron, entendieron que en el fondo aquélla era nuestra Antigua Madre. Era la prueba de que la humanidad había nacido en África, y había nacido de mujeres.

Pero volvamos a la novela. Esta mujer negra, llevada a Roma, no fue cedida a Nerón, sino que empezó a combatir como si fuera un gladiador, es más, mejor que un gladiador. Nerón, entre tanto, ordena la expedición para remontar hasta las fuentes de Egipto; nuestros héroes parten junto con la mujer etíope

Descubren, en cierto pasaje, la presencia de una especie de templo. Entran en él. Encuentran un sarcófago. En este sarcófago se guarda, custodiada, la Antica Madre. Una pequeña momia. Todas las mujeres, todas las reinas de la tribu, descienden de esa pequeña momia.

Mientras deambulan por aquel lugar, algo atrae su atención, dejándolos sorprendidos. Hay, en una percha, la armadura de un guerrero homérico. La armadura de Memnón. El precursor de todos los reyes de las tribus de aquel continente.

En el ciclo troyano había un poema titulado *Etiópida*.

También Homero cita la *Etiópida* en la *Odisea*: exactamente en la parte del poema llamada «Telemaquia». Telémaco busca noticias de su padre, Odiseo, va donde el rey Néstor, que le dice:

–Muchacho, te quiero. Quería a tu padre, pero en un momento dado lo hemos perdido. Ha vuelto atrás con el viento y el mar en contra. Pero Menelao ha regresado hace poco. Ve donde él, te doy a mi hijo Pisístrato, que con su carro te llevará a Esparta.

Al regreso de Esparta, Telémaco siente que debe visitar al rey Néstor para darle las gracias. Cuando le dice, llorando:

–Mi padre está perdido, nadie sabe dónde está.

Él le responde:

–¿Lloras porque no tienes noticias de tu padre? ¿Qué debería hacer yo que he visto a mi hijo predilecto, Antíloco, caer bajo los golpes de Memnón, justo ante mis ojos? Pensad, un héroe negro a la cabeza de un ejército negro, que venía para ayudar al gran rey Príamo.

Escribir novelas históricas es considerado por algunos una pérdida de tiempo. No es así. Nuestros maestros nos enseñaron cómo se escribe *la* historia, la única, que tiene la tarea y el deber de la prueba.

Las historias narradas tienen otro objetivo. No quieren transmitir nociones, que, no obstante, son importantes, importantísimas, sino emociones. La vida no es vida sin emociones, es una calma chicha sin un estremecimiento de viento, sin una pequeña ola. A mi parecer, una vida sin emociones no vale la pena ser vivida.

La literatura es un mundo complejo. Allí se encuentran cosas absolutamente verdaderas. Las tres líneas sobre el Nilo que han llegado hasta nosotros gracias a Séneca son un trozo de historia formidable.

Otras cosas no lo son. Otros acontecimientos no lo son. Pero sirven para hacernos emocionar, y meditar.

Permitidme un pequeño recuerdo, para daros una idea del espíritu con que trato de comunicar emociones.

Una vez estaba en España con dos amigos. Llegamos a un pueblecito todo blanco. Era mediodía, el sol te partía la cabeza. Había un silencio total, los habitantes estaban todos en la cama.

Repentinamente, oímos el sonido de un violín, que ponía los pelos de punta. ¿De dónde venía? Pasamos por delante de un muro medio derruido, con una puerta sin cerradura y un único cable que caía desde arriba hasta un atril con una partitura. Vimos a un anciano, con el pelo blanco como el mío, que tocaba esa música divina.

Nos quedamos allí, embriagados, no podíamos movernos. Cuando el señor mayor terminó aplaudimos y él nos dijo:

–Aplaudís, pero no sabéis cuál es la historia de este violín. Durante la guerra civil se había roto, pero yo vivía gracias a esto. Era profesor de orquesta, y en aquel tiempo me ganaba un pedazo de pan tocando por las calles. Roto este instrumento yo estaba condenado a pasar hambre; entonces me puse a restaurarlo trozo a trozo.

»Al final, lo reconstruí.

»Llegó el gran día. Comencé a tocar y me di cuenta de que el violín sonaba como un cajón de tomates. ¿Dónde me había equivocado? ¡El barniz! Sin el barniz la madera no vibra. Y entonces pasé el barniz, y así recreé el sonido; y luego vino de nuevo el gran día, y volví a tocar. Ahora suena bien. Digamos que no suena mal.

Lo aplaudimos otra vez, y aún lo recordamos, porque nos emocionó. Una persona que recordamos; un violín que suena entre los muros blancos de un pueblo del sur; el canto de un ruiseñor en una noche de agosto. Son todas emociones que no olvidaremos nunca.

Sin emociones, la vida no tiene sentido, creedme.

Las siete maravillas del mundo antiguo

Ninguna obra está en condiciones de sobrevivir a la civilización que la ha realizado. Quedan algunas huellas, quizá las señales del tiempo y de las generaciones que se suceden, pero no las grandes obras, no en su original intención y totalidad. ¿Y qué queda? Quedan las historias de los hombres y de las civilizaciones que han creado, y luego destruido, las grandes obras. Historias que confluyen y se convierten en huellas de una sola y gran historia.

Las siete maravillas son, en realidad, un canon. Es atribuido a Filón de Bizancio, que parece que era un ingeniero.

Este Filón compiló un canon, es decir, una lista, en que están presentes siete monumentos que asombraron al mundo de entonces, y cuya fama ha llegado hasta nuestros días.

De estas ha sobrevivido una, la Gran Pirámide. Todas las demás fueron destruidas. Todas juntas fueron visibles solo durante un breve periodo, unos setenta años.

También nosotros podríamos enumerar siete maravillas del mundo moderno, pero son algo muy distinto. Podríamos decir, por ejemplo, que una maravilla es el aeropuerto de Osaka, edificado sobre el océano. Una realización increíble, porque se apoya sobre una serie de gatos hidráulicos que, a su vez, se apoyan sobre el fondo del océano y sostienen el aeropuerto, lo alzan o bajan según la fuerza del mar, según la altura de las olas.

Pero las siete maravillas eran otra cosa.

Ante todo, porque eran la expresión de una civilización única en la historia: la creada por Alejandro Magno y sus compañeros, que se convirtieron en soberanos de las distintas provincias. La civilización helenística, que es la base de nuestra propia civilización.

La lista de las siete maravillas representa justamente una idea fuerte de esta civilización: la idea de que, en ese periodo, todo era posible.

Cuentan nuestras fuentes que, cuando Alejandro llegó al brazo canónico del Nilo, se presentó un señor muy extraño. Era un arquitecto: los arquitectos, a veces, tienen un aspecto un poco extraño. Este individuo se presenta desnudo, vestido solo con una piel de león con las patas anudadas como una corbata y un garrote. En resumen, está disfrazado de Hércules. Su nombre es Dinócrates.

Alejandro lo recibe por curiosidad y le dice:

–He oído decir que tú quieres hacer una ciudad.

Dinócrates responde:

–Ya tengo un proyecto. Quiero esculpir tu figura completa sobre la roca del monte Athos. Yo esculpiré una montaña con tus rasgos. Estarás sentado en el trono con una mano en el acto de beber del océano; para hacerlo, desviaré un torrente que pasará por dentro del brazo, llenará este enorme cuenco y hará una cascada. En la otra mano surgirá tu ciudad. Dentro de la mano de tu estatua gigantesca estará la ciudad.

Alejandro se quedó perplejo, luego dijo:

–Es cierto, es un buen proyecto. Pero me temo que no puedo permitírmelo. Hagamos otra cosa.

Luego se quitó el manto y lo extendió sobre la playa:

–Hazme una ciudad de este modo, como mi manto.

Dinócrates se sorprendió un poco, luego respondió:

–Puedo intentarlo.

Fue así que construyó Alejandría, que en poco más de cien años se convirtió en la metrópolis más ilustre, más hermosa y más refulgente de todo el Mediterráneo.

Os preguntaréis: ¿por qué Alejandro dejó hacer su ciudad a un lunático que se presentó desnudo, disfrazado de Hércules y que quería esculpir una montaña?

Porque Alejandro comprendió que ese individuo era un visionario, un hombre de grandes pensamientos. Los dos se entienden de inmediato, porque también él es un visionario. Alejandro no fue grande porque conquistó un gran imperio –otros lo habían hecho antes–, sino porque pensaba a lo grande.

Y, por tanto, no es casual que una de las siete maravillas del mundo haya surgido precisamente en Alejandría.

Nuestras fuentes sobre el tema son difíciles de descifrar. Porque están escritas en un lenguaje duro, técnico, de ingenieros.

La civilización que encontró su base en Alejandría no sólo creó maravillas, no sólo creó el primer centro de investigación pura del mundo, que era el museo. No sólo creó un lugar que pudiera albergar libros, la biblioteca más grande del mundo, la biblioteca de Alejandría, que se estima acogía y conservaba setecientos mil volúmenes, atrayendo a las mentes más brillantes del mundo conocido.

También creó el lenguaje científico, que en un momento dado se perdió, porque este inmenso patrimonio se dispersó. Estos genios de la antigüedad habían construido un planetario, con el Sol en el centro y los planetas que giraban a su alrededor. Nosotros debimos esperar a Galileo y Kepler para llegar a un resultado que ellos ya habían alcanzado. Además, sabían perfectamente que la Tierra es redonda e incluso la habían medido, con un error de un kilómetro y trescientos metros.

La primera de estas siete maravillas es la más evanescente, la más fantasmal: se trata de los Jardines Colgantes de Babilonia.

¿Qué eran los Jardines Colgantes? Eran una estructura mural en terrazas, y sobre estas terrazas se habían plantado jardines, así que al final la estructura estaba completamente cubierta de vegetación. Sobre las terrazas, del todo artificiales, porque en Babilonia no hay montañas y ni siquiera colinas, habían sido excavados unos estanques, forrados luego con materiales impermeables, muy probablemente con asfalto. En efecto, nosotros sabemos que en una localidad al sur de la actual Bagdad había una fuente de asfalto que fluía con una densidad resinosa, por lo que el material fue ampliamente utilizado. Es posible, por tanto, que estas terrazas fueran impermeabilizadas con esa mezcla, luego rellenadas de tierra y, por fin, plantadas: matas, flores, pero también árboles de tronco alto, palmeras y sicomoros.

Hay dos hipótesis sobre la estructura de los Jardines Colgantes. Según la primera, esta estructura tenía forma de zigurat, de pirámide escalonada, hecho bastante probable. Según la otra hipótesis, los Jardines Colgantes tenían forma de L junto a los muros. Se planteaba un problema: ¿cómo regar estos jardines colgantes en una zona calurosísima, con una evaporación continua? Yo conozco los cuarenta y tres grados de Bagdad en agosto, con la humedad tanto del Tigris como del Éufrates. Terrible.

Se ha pensado que, dada la cercanía del río, habrá habido medios de elevación del agua. Una hipótesis es que se hayan usado norias, gigantescas ruedas de un diámetro de veinte metros.

Muchos dicen que las norias las inventaron los árabes, pero ¿quién puede estar seguro de ello? ¿Quién nos dice que no fueran conocidas también entonces? Estaban hechas de madera, por lo que si estaban allí ciertamente no han sobrevivido.

Mientras que es prácticamente seguro que, en Babilonia, existía también algo muy similar al tornillo de Arquímedes, otra de las joyas mecánicas de la civilización helenística. El tornillo atribuido a Arquímedes es una estructura helicoidal hecha girar por un engranaje conectado a una rueda inmersa en el agua.

Las norias desarrollan la misma actividad de levantar y hacer caer el agua, pero, de otro modo: tienen unos grandes cubos, ligados a la superficie exterior, que entran en el agua, se llenan, luego suben y, por último, vierten el agua transportada a un canal que la distribuye donde se necesita. El río Éufrates, en el tramo en que se dice que surgían los Jardines Colgantes, corre a una profundidad respecto del nivel del suelo de unos veinte metros: precisamente, el diámetro de la noria.

En cualquier caso, todos los intentos de los arqueólogos de localizar los Jardines Colgantes han resultado fallidos. A principios del siglo XX, un gran arqueólogo alemán, Robert Koldewey, excavó Babilonia. En un momento dado, identificó una estructura como la de los Jardines Colgantes, descrita de dos maneras: una como zigurat, con terrazas; la otra, sencillamente como un sistema de pilares que sostenía una terraza, sobre la que crecía el jardín.

Recientemente, una asirióloga británica, Stephanie Dalley, hizo un descubrimiento muy interesante. Encontró los dibujos de un arqueólogo francés que había visto los bajorrelieves originales, representando un paisaje, en el palacio de Salmanassar de Asiria. En este paisaje se ve un río o un lago con personas que nadan sobre odres hinchados de aire y otras que transportan animales sobre las barcas. Se ven luego unas colinas sobre las cuales se erige un acueducto, hecho de arcos de medio punto. Encima corre un arroyuelo, un río colgante. En un momento dado, el acueducto acaba y se crea una cascada. De la cascada, o de la cuenca alimentada por ésta, salen otros tantos arroyuelos que irrigan un maravilloso parque con plantas de tallo alto. En el centro hay un camino con un altar, y encima hay un pequeño santuario con la estatua de un dios. Arriba, a la derecha, se ve una estructura que se parece mucho a la descrita por nuestras fuentes sobre los Jardines Colgantes, es decir, una estructura de pilares con una gran terraza: sobre la terraza hay un bosque. Por tanto, es un jardín colgante.

Stephanie Dalley llegó, pues, a esta conclusión: los Jardines Colgantes existían, pero no en Babilonia, sino en Asiria. La tradición nos dice, en cambio, que los Jardines Colgantes fueron construidos por el gran rey Nabucodonosor, aquel que en el 587 a. C. conquistó Jerusalén, arrasó el templo y llevó a la esclavitud a los judíos en Babilonia. El gran rey habría tenido su favorita entre sus innumerables esposas; en aquel tiempo, tener muchas esposas era un símbolo de estatus y era también una demostración, obviamente no creíble, de la potencia física del soberano. Pero, como para todos los hombres, también para él, la verdadera esposa al final era una sola. Nabucodonosor habría estado enamorado de esta muchacha de la que ignoramos el nombre. Ella venía de Elam, el altiplano persa contenido por la cadena de los montes Zagros. La joven parece que tenía una infinita nostalgia de su patria, que era verde y boscosa.

Ahora bien, pienso que, si alguien quiere hacer un jardín colgante, ciertamente puede hacerlo donde quiera –por tanto, sí, también yo creo que en ese bajorrelieve está representado un jardín colgante–, pero, en mi opinión, al norte, donde hay una grandísima abundancia de agua, no hay mucha necesidad de ello. En cambio, Babilonia, que es un terreno bajo, una llanura sofocante con un aire insoportable en verano, parece ser el lugar más probable para edificar unos jardines colgantes. Y acaso, quién sabe, esa historia es cierta, y los jardines fueron verdaderamente construidos por el gran rey para aliviar la melancolía de una princesa.

Más no podemos decir.

La única superviviente de las siete maravillas es la Gran Pirámide. La Gran Pirámide de hoy no es exactamente como era en la antigüedad, porque ha sido violada, perforada, saqueada y despojada.

Despojada ante todo de su revestimiento exterior; tanto es así que, si la miramos hoy, vemos que no tiene las caras de un sólido geométrico, es totalmente escalonada, hecha con bloques que retroceden poco a poco hasta la cima. Estos huecos fueron rellenados durante la construcción por sólidos en ángulo recto, que de este modo eliminaban el peldaño y creaban una superficie lisa como el vidrio. Estos sólidos eran de caliza blanca de grano muy fino. Eran pulidos primero con arena, luego con piedra pómez y probablemente también tratados con cera.

Además, la punta de la pirámide, que se llamaba *piramidion* –un término helenístico– estaba revestida de pan de oro. Por tanto, la Gran Pirámide era un diamante, el sol se reflejaba en ella cuando salía y cuando se ponía. Era un objeto de purísima y cristalina geometría.

Pero ¿qué es una pirámide? ¿Y quién la construyó?

Despejemos de inmediato el terreno de las memeces: no la construyeron los extraterrestres. La construyeron los egipcios, y no era ni un observatorio astronómico ni una base espacial. Era una tumba para un solo hombre. Este hombre se llamaba Khufu, o sea, Keops, y era faraón de Egipto.

¿Cómo podemos saberlo? Porque en la cuarta cámara de descarga encima del apartamento funerario fue encontrado un jeroglífico, en pintura roja, probablemente obra de un capataz, que dice exactamente esto: «Khufu fue el nombre del faraón».

Sería un mentiroso si dijera que la pirámide de Keops ya no tiene secretos. Los arqueólogos, de costumbre, se encogen de hombros cuando ciertos presentadores de televisión hablan de quién sabe qué misterio. Sabatino Moscati, un increíble arqueólogo, además de historiador y experto orientalista, solía decir: «En arqueología no existen misterios, solo problemas que resolver».

Con la Gran Pirámide, los problemas son notables. No sabemos, por ejemplo, por qué hay tres cámaras sepulcrales. Una está por debajo del nivel del suelo: se llega a ella por un túnel que, después de la cámara funeraria, prosigue durante algunos metros y luego muere, se detiene. No se sabe por qué. Quizá el faraón había cambiado de idea, no quería todo aquel peso opresivo sobre el pecho, quién sabe.

Luego hay otra, sobre el nivel del suelo, llamada cámara de la reina, aunque no había cámara de la reina, de esto estamos seguros. Desde allí sale una rampa que crea la gran galería, con un perfil en forma de paralelogramo: es muy grande y no se sabe para qué servía. Nadie ha sido capaz de entender la función de este ambiente, el más grande de la pirámide. Hay quien ha dicho que era una sala reservada para ceremonias especiales, aunque nadie sabe cuáles. Han dicho que era una especie de almacén para apilar los bloques de madera que luego habrían servido de compuerta para bloquear la entrada al apartamento funerario del rey. Este último fue localizado con seguridad: es el más alto porque encima tiene cinco cámaras de descarga.

Si queréis ver la que probablemente fue la progenitora de la Gran Pirámide de Keops, os aconsejo que deis una vuelta por Egipto, avanzando un poco más al sur de Guiza, con otra media hora de marcha, para llegar a Dahshur.

Dahshur es un lugar lleno de experimentos arquitectónicos, un sitio maravilloso, increíble: el terreno está cubierto de guijarros de alabastro durante kilómetros, de todas las formas posibles e imaginables.

Id antes de ver las pirámides de Guiza. No os arrepentiréis.

Otra de las maravillas es el Zeus de Fidias en Olimpia.

Tenía trece metros de altura, la figura estaba sentada, realizada en marfil y oro. Cuando uno entraba en el templo de Zeus empalidecía. Estrabón escribió: «Fidias se ha equivocado, no hay proporciones, si el dios se pusiera de pie rompería el techo con la cabeza». Y Luciano dice: «Es un nido de ratas, dentro está todo lleno de porquería, de cuerdas de cola abandonadas. Da asco, es un nido de ratas».

En realidad, no es así. El Zeus de Olimpia es obra de Fidias, que ya había tenido una experiencia similar en Atenas construyendo la estatua de Atenea en el interior del Partenón. Atenea medía casi catorce metros de altura y permanecía erguida con escudo, lanza, yelmo y la Victoria Alada de tamaño natural; encima tenía una tonelada de oro.

Pero volvamos al Zeus crisoelefantino, es decir, de oro y de marfil. Eran de oro el pelo, el cetro, las sandalias, las ropas y todos los accesorios; y luego la barba y los bigotes. Todo lo demás, digamos, la piel del dios, era de marfil.

Sabemos perfectamente que no existen colmillos de elefante tan grandes como para poder esculpir la cabeza del dios, que será al menos de tres metros de altura. Entonces, ¿cómo lo hicieron?

Se partía de un modelo en madera, hecho de bloques; todos los bloques se encajaban entre sí, por tanto, toda la estatua se podía desmontar. Los bloques eran fijados con clavijas de madera, a golpe de maza; el exterior era modelado como si fuera una estatua. Era un arte dificilísimo. El interior era vaciado completamente para aligerarlo. Las piezas, todas hechas a mano y desmontables y ensamblables, eran esculpidas por separado y luego acopladas. Se completaba el ahuecamiento interior y el pulido exterior. Se trataba, por tanto, de una estatua de madera.

Los accesorios en oro eran fundidos aparte. Se han encontrado moldes en el atelier de Fidias, descubierto a principios del siglo pasado, junto a otros instrumentos y herramientas para excavar la madera, escofinas, gubias y demás. Sobre la superficie, las partes en marfil eran segadas, aplicadas, curvadas en caliente y, una vez que habían tomado la forma, fijadas con remaches de metal. Luego, todo era pulido y engrasado a continuación, dicen nuestras fuentes. ¿Para qué? Para estabilizar la madera.

En efecto, la madera virgen conserva intacta su estructura interna, y tiene una potencia expansiva monstruosa. Los egipcios, cuando debían aislar un bloque para hacer un obelisco, excavaban unos surcos profundos, ponían dentro unas cuñas de madera y luego vertían agua. Imaginemos ahora si la madera con la que estaba hecha nuestra estatua hubiera tenido semejante comportamiento: todo el revestimiento habría estallado. Por esta razón, dentro de la estatua había unos tirantes que, puestos en tensión, evitaban la expansión de la madera.

Había también unas fuerzas contrarias, unos puntales metálicos que impedían la contracción. La estructura, por tanto, estaba del todo compensada. He aquí por qué nuestro Luciano, cuando metió la cabeza dentro de la cavidad de aquellas estatuas, tuvo la impresión de que era un nido de ratas: quizá los operarios habían amontonado las cosas que ya no usaban. Sin olvidar todo el enredo de tirantes y de puntales para mantener unida la estructura.

Se necesitaron cinco años para completar la estatua de Zeus, que al final resistió durante nueve siglos. Sabemos que, a principios del siglo V, la estatua estaba en Constantinopla y formaba parte de la colección privada de Lauso, un alto funcionario de la corte imperial. Había sucedido que el emperador Teodosio, que era muy intolerante, había ordenado la destrucción de Olimpia. Nosotros nos escandalizamos de que el ISIS haya destruido las ruinas de Palmira, pero tampoco nuestros antepasados fueron menos. Los emperadores cristianos promulgaron una ley que imponía la destrucción de todos los ídolos. E ídolos eran las obras de Praxíteles, de Fidias, de Escopas, de Alcámenes y de Mirón. Algo así como si hoy nos pusiéramos a quemar las obras de Giorgione, Rafael, Miguel Ángel o Picasso.

El hecho es que Lauso tenía permiso para conservar toda una galería de obras maestras del mundo antiguo en su casa, a dos pasos del palacio imperial. Nunca sabremos el motivo. Quizás el emperador quería conservar algo, a escondidas, que nadie pudiera ver.

Lo que sabemos, por desgracia, es que, pocos años después, en Constantinopla estalló un incendio devastador que destruyó también la zona en que estaba la morada de Lauso. Ciertamente, aniquiló también la obra maestra de Fidias, el coloso de trece metros de altura sentado en el trono. En un templo de Cirene, en la actual Libia, fue encontrada una cabeza de Zeus, presente también en la cubierta de una colección de cuentos mía, *Zeus y otros relatos*. Parece que la había donado el emperador Adriano, que había estado en Olimpia. Sobre esta cabeza hay restos de color rubio, precisamente en el pelo. Estoy convencido, aunque quizás me equivoque, que esa cabeza puede ser la única reproducción que haya quedado del rostro fidíaco de Zeus.

Llegamos ahora a la *superstar* de las siete maravillas: el Coloso de Rodas. Tenía una altura de más de treinta y dos metros, y representaba al dios Sol, protector de Rodas, que había salvado a la isla de la destrucción y del asedio de Demetrio Poliorcetes. Como agradecimiento, *ex voto* se diría en el mundo cristiano, los isleños habían elevado esta estatua.

El autor encargado de realizarla era alguien de Rodas, aunque se llamaba Cares de Lindos. Era un discípulo de Lisipo, el más grande escultor de la época de Alejandro, el único autorizado para retratar al soberano macedonio.

Lisipo había realizado una estatua en Tarento de más de doce metros de altura, un Heracles de pie en el acto de lanzar el rayo. Aquel artista había empezado desde abajo, había sido operario, tenía manos de artesano, y sabía perfectamente que hay fuerzas que el hombre no puede vencer: la potencia del terremoto y la del viento. A Tarento llegaba el bora directamente de los Balcanes y una estatua de más de doce metros hacía mucha vela, oponía mucha resistencia. Por tanto, Lisipo había alzado allí un pilar cortavientos. Además, había tenido una idea genial. Lo entendemos por una descripción de Plinio el Viejo, en la que se dice que la estatua, cuando el viento soplaba muy fuerte, o incluso cuando se aplicaba directamente una fuerza, se movía, para luego volver a su puesto. Incluso durante los terremotos. Hay una sola explicación para este fenómeno: la estatua se apoyaba en unos rodillos, quizá bañados en aceite, aceite de oliva, obviamente.

Cares, el discípulo presuntuoso, se había dado cuenta sin duda de la extrema peligrosidad del terremoto en Rodas, ¿y qué decidió? Para estabilizar el Coloso, llenó las piernas de piedras, probablemente mezcladas con argamasa. El terremoto llega y da un mazazo espantoso, capaz de destruir una cantidad enorme de monumentos en toda la zona del Egeo Oriental y del Asia Menor. El Coloso se partió precisamente allí, a aquella altura. Debajo de las rodillas: porque en aquel punto, endureciendo la estructura, Cares creó una línea de fractura.

No es verdad, de todos modos, que el Coloso de Rodas se erguía sobre el muelle de acceso con las piernas abiertas, desde el momento en que ninguna estatua habría podido resistir semejante estrés en aquella posición, ni siquiera si estuviese realizada en bronce. El Coloso estaba, sin duda, con las piernas unidas, y no en el puerto. Escribe Plinio el Viejo que, cuando cayó, era maravilloso incluso así, recostado. Pocas personas tenían brazos tan largos como para abrazar un solo pulgar. Y dentro era como una caverna: la gente entraba y tenía la impresión de estar en una gruta.

Si, en cambio, el Coloso hubiera estado donde siempre es representado, habría caído al mar; nadie habría podido introducirse en su torso vacío, porque en aquellos tiempos aún no se habían inventado los respiradores y los tanques de oxígeno...

La estatua se encontraba seguramente en un lugar prominente de la ciudad, donde permaneció durante nueve siglos, hasta que un mercader judío de Edessa, ciudad que hoy se llama Sanliurfa y está en Turquía, la compró. El Coloso fue troceado, cargado en una cantidad innumerable de naves y gabarras y transportado a tierra firme, donde fue ulteriormente cortado en partes aún más pequeñas, o quizá fundido en lingotes. Se necesitaron novecientos camellos para cargar todo ese material. Quién sabe, tal vez alguna molécula del Coloso de Rodas esté aún en alguna parte, por ahí. Después de todo, los metales preciosos nunca se pierden. Cambian de forma, como las civilizaciones del hombre.

Luego está el mausoleo de Halicarnaso. Una tumba extraordinaria, enorme, que tenía un núcleo macizo en el centro y un pórtico suspendido, una pirámide y encima una cuadriga con Mausolo, el príncipe de la Caria, reino del oeste de Anatolia. Mausolo estaba representado con Artemisa, su esposa y hermana. En la base del mausoleo había, sobre los cuatro lados, un friso maravilloso del que algunos arqueólogos ingleses salvaron algunas piezas a principios del siglo XX, y ahora se pueden ver en el British Museum. El conjunto de estos frisos representaba una «amazonomaquia», y quizá también otros temas. Todo había sido realizado por los cuatro escultores más grandes de la época, uno por fachada: Escopas, Bryaxis, Timoteo y Leocares. Cada uno competía con el otro en habilidad.

El mausoleo se derrumbó a causa de un terremoto, pero estaba aún casi todo, con sus esculturas, sus bajorrelieves y sus colores. Fue demolido completamente por los caballeros de Rodas para levantar el castillo de San Pedro, y las partes salvadas, como decíamos, ahora están en el museo londinense.

Llegamos a la sexta maravilla: el templo de Artemisa de Éfeso. El mayor templo de todo el Mediterráneo, consagrado a Artemisa. Ciento treinta y seis columnas de una altura de dieciocho metros cada una, con tambores de mármol esculpidos por Escopas. Dos de los tambores han sobrevivido, y también estos se encuentran en el British Museum.

Dentro estaba la estatua de una divinidad, identificada como Artemisa. En realidad, debía de ser una divinidad local, esculpida en ébano y cubierta con vestiduras de oro que eran continuamente cambiadas. San Pablo trató de erradicar la veneración de este ídolo con su predicación, pero debió rendirse porque todos los fabricantes de *souvenirs* en plata se reunieron en el teatro en una protesta durísima contra este judío que venía a molestar, y san Pablo tuvo que marcharse.

También el templo, quizá por orden del arzobispo de Constantinopla Juan Crisóstomo, y después de haber sufrido daños como consecuencia de un incendio y de las invasiones godas, fue desmantelado. Solo queda un fragmento de columna, además de los cimientos. Algo penoso.

Y luego la última maravilla: el faro de Alejandría, ciento treinta y seis metros de altura. Emitía un rayo de luz a una distancia de cuarenta y ocho kilómetros. Da testimonio Flavio Josefo, persona digna de fe. A unos cincuenta kilómetros de distancia de Alejandría, sobre la costa libia, hay un modelo a escala de esa maravilla, que probablemente marca precisamente la meta última desde la que se podía ver la luz del faro.

La verdadera maravilla –lo escribe Lucio Russo, un gran historiador de la ciencia que une la competencia científica propiamente dicha con el conocimiento detallado de las fuentes antiguas– estaba en la cima. ¿Cómo era posible emitir semejante rayo de luz, a esa distancia, además?

Lucio Russo escribe que en aquel periodo los científicos alejandrinos estaban construyendo espejos parabólicos, capaces de concentrar la fuente luminosa en un solo haz de luz. De aquí nace la leyenda de los espejos ustorios de Arquímedes, que consiguió quemar las naves romanas fondeadas en el puerto de Siracusa. En realidad, estos espejos ustorios probablemente nunca hayan existido. Es más probable que los científicos alejandrinos llegaran a concentrar la luz, pero no el calor, en un solo punto, para crear una temperatura que generase fuego.

El faro de Alejandría tuvo, de todos modos, un éxito enorme. Se construyeron otros faros, por doquier. Sin embargo, ninguno consiguió igualarlo, por lo que sabemos. Plinio escribe que los faros son peligrosos porque, de costumbre, la luz es fija, y desde lejos puede ser tomada por una estrella. La tarea de los faros no era atraer a los navegantes, sino más bien mantenerlos alejados. Como si el faro dijera: «¡Prestad atención! ¡Aquí hay bancos de arena, hay arrecifes! ¡No podéis entrar de noche, esperad al día!». Ésta era su tarea.

El estudioso escribe que la parte superior del faro es circular, probablemente porque giraba y, al girar, creaba una luz intermitente que no podía ser confundida con la de una estrella. El gran viajero árabe Al-Masudi lo visitó en el siglo X, cuando el faro de Alejandría estaba aún en pie. Ciertamente, había caído la parte superior por los terremotos, pero Al-Masudi vio unas placas metálicas modeladas de forma curva, con una de las zonas particularmente lisa. Es posible que fueran fragmentos de las parábolas que concentraban el haz de luz del faro. Por tanto, en los siglos IX y X todavía se realizaban tareas de mantenimiento.

Se dice que todo el Mediterráneo se llenó de faros similares. Había uno en Crisópolis, frente a Constantinopla. El de Alejandría está aún representado en la *Tabula Peutingeriana*, el más grande monumento cartográfico en nuestro poder del mundo antiguo, a partir de un original de Agripa que se encontraba debajo del pórtico de Octavia. En la plaza de las Corporaciones en Ostia hay otros faros, hay incluso lámparas con la forma del faro de Alejandría. Hay un mosaico bellísimo en la iglesia de San Apolinar Nuevo en Rávena, en el que se vislumbra la barca con la que san Marcos llega a Alejandría y, justo delante del acceso al puerto, se ve el faro.

Las últimas reliquias del faro fueron descubiertas a finales del siglo pasado por un gran arqueólogo francés, Jean-Yves Empereur, que las encontró bajo el agua, consiguiendo salvarlas todas, por suerte. Poco después, en efecto, habrían sido cubiertas de cemento para realizar un muelle. No ha quedado nada más.

De todas estas maravillas, pues, sólo ha sobrevivido una, la Gran Pirámide. Simplemente, porque era demasiado difícil de demoler.

Pero fue desnudada, privada de su revestimiento de caliza blanca luminosa, que fue usado para construir la Gran Mezquita de El Cairo. Por supuesto, también la Gran Mezquita de El Cairo es una obra maestra; pero qué emocionante habría sido ver la Gran Pirámide con su manto blanco, resplandeciente como un espejo, como un diamante con la punta de oro...

La lección que podemos extraer de todo esto es sencilla y clara: ninguna obra humana, por más maravillosa, por más extraordinaria, por más fascinante que sea, puede sobrevivir a la civilización que la ha creado.

Alejandro Magno
y las siete maravillas del mundo antiguo

Los imperios surgen por la lúcida locura de conquistadores, pero, como todas las vicisitudes humanas, están destinados a derrumbarse. ¿Y qué queda de la visión de un grande? ¿Sea Alejandro el Macedonio o cualquiera de sus sucesores? Queda la idea de unidad, el deseo de acoger a los pueblos. Quedan las ideas, que viven más allá de la vida de quien las ha pensado, y pueden tomar la forma de las siete maravillas.

Éfeso, Turquía.

«He visto los muros de Babilonia, a Zeus sobre el río Alfeo y los Jardines Colgantes. He visto el Coloso del Sol, la fatiga de las altas pirámides y el mausoleo gigantesco, pero cuando he visto la sagrada casa de Artemisa elevarse por encima de las nubes he pensado que el sol fuera del Olimpo nunca ha visto tanta belleza».

Son los versos de un poema de Antíprato de Sidón, escrito en el siglo II antes de la era cristiana: el testimonio de la primera lista de las siete maravillas.

La «sagrada casa de la diosa», el gran templo de Artemisa, está en Éfeso. Si quisiéramos hacer un viaje para entender el clima en el que se formó el elenco, éste sería el punto de partida. La «lista» de las siete maravillas tiene un valor histórico enorme: por primera vez, el mundo antiguo se presenta como un único organismo. Asia, África y Europa se unen en nombre de sus obras maestras.

Partamos de Éfeso, pues. La primera etapa es la biblioteca de Celso, construida en el siglo II d. C. Es en lugares como éste, custodios de la memoria de todo el mundo antiguo, donde se conservó la lista de las siete maravillas. Una lista que reúne las obras más espectaculares de culturas y pueblos históricamente alejados entre sí: Egipto, los imperios mesopotámicos, las ciudades griegas y los pueblos de la Anatolia. ¿Cómo fue posible semejante salto hacia delante?

En los años en que fue compilado el elenco, todas aquellas naciones eran las herederas de la visión global y de las conquistas territoriales de un solo hombre: Alejandro el Macedonio.

Antes que él, otros grandes imperios habían unido diferentes culturas en su seno: pero él fue el primero en concebir la idea de fusionarlas, abatiendo no sólo las fronteras territoriales, sino también las culturales. Podríamos recorrer el camino de Alejandro articulando las etapas de las siete maravillas, algunas de las cuales el soberano vio con sus propios ojos. Al hacerlo, deberíamos también reconsiderar la gran cuestión aún abierta sobre él: ¿Alejandro era un megalómano con una vena de locura o un lúcido visionario, capaz de realizar un proyecto político gigantesco?

El viaje empieza en Grecia, tierra de origen de Alejandro, y en el monumento que mejor encarna la unidad de todas las comunidades griegas: la estatua del padre de los dioses en su santuario más importante, el Zeus de Olimpia. Es la primera maravilla.

El Zeus de Olimpia es el símbolo de la unidad cultural de los griegos, y es precisamente Zeus quien juega un papel fundamental en aquella que hoy llamaríamos la estrategia de comunicación del conquistador. Después del asesinato de su padre, Alejandro se convierte en rey. Y de inmediato se encuentra afrontando un grave problema: los estados griegos sometidos por Filipo se rebelan. Él los aplasta inmediatamente.

La víctima más ilustre de esta represión es Tebas: la antigua ciudad es arrasada, y los supervivientes, deportados. ¿Con qué consecuencias? Alejandro debe recuperar el consenso de los griegos para su expedición a Asia contra los persas, un proyecto ya puesto a punto por su padre, Filipo.

Para hacerlo sigue dos caminos: el primero es proponerse como vengador de la invasión persa de ciento cincuenta años antes y del incendio de Atenas. La segunda es reafirmar sus orígenes míticos: cosas que, en la antigüedad, a nivel popular, eran tomadas muy en serio.

Por parte de padre, Alejandro desciende de Hércules y, por tanto, de Zeus; por parte de madre, desciende de Aquiles, el héroe de la guerra troyana, que puede ser considerada la primera expedición de los griegos contra Asia.

Con estas credenciales, Alejandro Magno tiene todo el derecho de guiar a los aliados.

En la primavera del 334 a. C., Alejandro atraviesa los Dardanelos con cincuenta mil hombres. Luego, llegado a Asia, se enfrenta a los persas y los derrota en la batalla del Gránico. Hace pasar por las armas a quince mil mercenarios griegos que combaten con ellos. Es una acción despiadada, pero contiene un mensaje clarísimo. El macedonio quiere decir: «Cualquier griego que combata contra mí es un traidor, porque yo soy Grecia».

Después de la victoria, Alejandro apunta al sur, ocupa Sardes, la capital de la satrapía de Lidia, y avanza a lo largo de la costa, donde están diseminadas todas las ciudades griegas. La primera en que entra es Éfeso: recorre estas calles a la cabeza de su ejército acogido como un libertador.

Éfeso es importante para entender cómo pudo haberse formado gradualmente en Alejandro la idea de un imperio global. Se trata de una ciudad griega por fundación, pero se encuentra en Asia; por tanto, es también una ciudad asiática. Su principal monumento testimonia la unión entre las dos culturas.

Es el templo de Artemisa: la diosa griega de la caza, la señora de los bosques, aquella que regía las relaciones entre el mundo salvaje primitivo y el civil. Pero en Éfeso su figura asume también otro aspecto: Artemisa es representada con decenas de mamas. Ésta es una característica que la liga con los cultos de la fertilidad de las grandes diosas madres asiáticas.

Llegado allí, Alejandro alcanza el templo para rendir homenaje a la diosa. En Éfeso, luego, el macedonio toma algunas medidas significativas. Restablece las instituciones democráticas, impone la prohibición de saquear el territorio y las ciudades circundantes, impide la represalia del nuevo gobierno democrático contra los viejos regidores oligárquicos de la ciudad, entrega el templo de Artemisa a los sacerdotes asiáticos que honran a la diosa asiática Anahita; luego manda a uno de sus hombres a Sardes, para asumir el cargo y las funciones de sátrapa persa.

Con estas decisiones, Alejandro quiere dejar claras algunas intenciones: restaurar la paz respetando los usos tanto de los griegos como de las poblaciones locales, sin perturbar el equilibrio. Así, se propone gobernar estos territorios de manera estable y duradera. En Éfeso, pues, se sientan las bases de aquella idea de unión entre los pueblos que lo acompañaría hasta las fronteras del mundo: un diseño que se hará cada vez más evidente con las conquistas sucesivas.

La segunda etapa del viaje es Priene. Todavía estamos en Turquía. Priene es una pequeña ciudad de cuatro mil habitantes cerca del río Menderes, asomada al mar, con una línea de costa, ahora retirada, de casi dieciséis kilómetros.

Alejandro se estableció allí y la convirtió en su base para las operaciones contra Mileto. La ciudad cayó después de un breve asedio, y él subió a la acrópolis de Priene para agradecer a Atenea y ofrecerle sacrificios.

Con la caída de Mileto, toda Jonia vuelve a manos griegas. Alejandro reemplaza los regímenes fieles a Persia y acoge a las colonias en la alianza helénica. En este punto, sólo le quedará por eliminar el último foco de resistencia enemiga, atrincherada entre los muros de la capital de la Caria: Halicarnaso.

Priene tiene su *bouleuterion*, la sede de la asamblea legislativa; de hecho, el parlamento de la ciudad. El *bouleuterion* tiene seiscientos cuarenta puestos, lo que significa que en una ciudad tan pequeña buena parte de las familias está representada. Aquí en Priene, como en otras ciudades de Jonia, no es difícil para Alejandro imponerse y hacerse aceptar: pero abajo, en la Caria, las cosas cambian: los griegos son numéricamente inferiores y no es fácil para él hacerse abrir las puertas de las ciudades simplemente agitando eslóganes de revancha y de libertad.

La clave para la conquista de la Caria es la fortaleza de Alinda, donde reside la reina Ada.

Expulsada del poder, después de la muerte de su hermano Mausolo, la reina quiere vengarse de los persas y entrega el baluarte a Alejandro: pero a cambio pretende adoptarlo como hijo. Él acepta de buen grado, y la reina Ada se identifica de inmediato con su nuevo papel de madre adoptiva, lo consiente y lo mima. Cada mañana le manda multitud de cocineros y de panaderos para prepararle dulces y pan fresco.

La jugada del conquistador fue políticamente muy hábil: una vez más, se pone como punto de referencia para los pueblos indígenas, los de Asia, sin perturbar y alterar equilibrios políticos o dinásticos locales. Después de este gesto, muchas ciudades de Asia le envían la corona de rey.

Encontrado el camino para entrar en la Caria, Alejandro moviliza el ejército contra Halicarnaso, donde están encerrados los persas a los que él ya ha derrotado en el Gránico. Aquí debe organizar uno de los asedios más difíciles de todas sus campañas militares. La ciudad tiene muros formidables y se necesitan muchos meses para abrir una brecha en sus baluartes.

Al entrar en Halicarnaso, Alejandro ve la tumba de Mausolo, que había gobernado veinte años antes. El viejo sátrapa quiso para sí un monumento funerario sorprendente: el mausoleo. Es la tercera maravilla del mundo.

Una vez allí, Alejandro confía el gobierno a la reina Ada. La acompaña con un general macedonio, inaugurando así el principio del reparto de poder entre un noble local y un funcionario macedonio. En aquel punto puede concluir la ocupación de Anatolia y entrar en Siria.

Ante la noticia de su avance, Darío, que hasta aquel momento había permanecido en Persia, decide tomar la iniciativa y adelantarse a la cabeza de un nuevo ejército. El macedonio se ve obligado a batirse en una angosta llanura, cerca de Issos, a las puertas de Siria. Pero tenía la sartén por el mango.

Darío, en fuga, abandona a su familia en manos del enemigo. Alejandro se adueña del botín, el armamento y la tienda real, en que se encuentra la reina. La trata con el máximo respeto y con todos los honores y le conserva el título real. Cuando ve el oro, las alfombras y los preciosos adornos que rodean al emperador incluso en la guerra, exclama:

–Así que esto significa verdaderamente ser rey.

Durante su viaje de conquista que lo ha llevado a derrotar a Darío, Alejandro ya ha tenido ocasión de admirar algunas de las maravillas: el templo de Artemisa en Éfeso y la tumba de Mausolo en Halicarnaso. Monumentos que simbolizan el encuentro entre la cultura asiática y la griega, que, en cambio, está representada en su forma más alta por el Zeus de Olimpo

Después de Issos, el conquistador avanza hacia Siria, Fenicia y Palestina. Vence, después de un largo asedio, la dura resistencia de Tiro, el último puerto en manos de los persas, nunca caída antes en su milenaria historia; arrasa Gaza. En el 332 a. C., el ejército macedonio está listo para pasar de Asia a África, para adueñarse del más antiguo y prestigioso reino del Mediterráneo.

En efecto, nuestro viaje continúa en Egipto. En Luxor, en el templo de Amón, sobre cuyos muros vemos a un faraón presentarse ante los dioses.

La secuencia comienza con el dios Horus que lleva al soberano en presencia de Amón. Pues bien, este faraón es Alejandro, como testimonia un cartucho con su nombre escrito.

Alejandro es acogido en Egipto como un libertador, y es proclamado faraón. No necesita usar el ejército, porque a cambio del título rinde homenaje de los dioses, restaura templos, hace de todo para congraciarse con la población, para absorber la cultura del lugar. Visita ciudades antiquísimas: y, casi con seguridad, también la Gran Pirámide. La pirámide de Keops, la cuarta maravilla, la única que ha llegado hasta nosotros.

La vista de las inmensas tumbas reales no puede dejar de impresionarlo. Se convence de que el país en que los reyes son también dioses es el lugar ideal para consagrar su nuevo papel. Entonces, emprende un viaje hacia Siwa, el oasis en el desierto occidental, donde está el oráculo del poderoso dios Amón. El conquistador pregunta al oráculo si todos los asesinos de su padre están muertos. Pero el oráculo responde que no blasfeme: porque su padre no puede morir, su padre es el mismo dios Amón.

Este episodio marca su investidura oficial como faraón de Egipto. Pero Amón para los griegos es Zeus: un paralelismo que tendrá consecuencias extraordinarias en los acontecimientos futuros de la vida de Alejandro.

Sin embargo, no son pocos los macedonios contrariados por todo lo que está ocurriendo. Alejandro se ha atribuido honores reales, viste a la manera oriental; pasa bastante tiempo con la familia de Darío y, hecho quizá más intolerable, al proclamarse hijo de Zeus, ha dejado de lado a su padre, Filipo, al que los macedonios se lo deben todo.

En Grecia, los dioses son dioses, y los hombres siguen siendo hombres; incluso los reyes son y continúan siendo hombres. Pero, en Egipto, Alejandro no tiene elección. Si quiere legitimar su poder, debe convertirse en faraón. Esto comporta ser hijo de un dios, hacerse representar como tal en todos los monumentos públicos.

Es allí cuando probablemente comienza a tomar conciencia del hecho de que la suya no es sólo una aventura militar, sino quizá el inicio de un gran proyecto: el de un imperio universal que unirá Europa, Asia y África.

El emperador-faraón sanciona esta nueva visión con la fundación de una ciudad que lleva su nombre: Alejandría, destinada a convertirse en la capital de la cultura helenística. Años después, cuando uno de sus generales, Tolomeo, proclame el reino de Egipto, elevará en un islote frente a Alejandría una nueva maravilla: el faro de Alejandría.

En el 331 a. C., Alejandro tiene poco más de veinte años. Se sienta en el trono más antiguo del mundo, y desde allí proyecta penetrar a fondo en el Imperio persa. Mientras aún se encuentra en Egipto, recibe un mensaje del gran rey, que le ofrece la paz. Darío reconoce sus victorias y, para corroborar las conquistas hechas, le cede las provincias de Anatolia, Siria, Palestina y Egipto, además de la mano de su hija como sello del pacto.

Cuenta el historiador Plutarco que el general Parmenión, presente en la lectura del mensaje de Darío, le aconsejó que se conformara, diciendo: «Si fuera Alejandro, yo aceptaría». Pero Alejandro respondió: «Si fuera Parmenión, yo también».

Aún no revela abiertamente sus intenciones, pero este intercambio de frases con sus generales muestra un contraste entre él y sus hombres. Para ellos, la venganza contra los persas está cumplida: las colonias griegas han sido liberadas, incluso anexionadas todas las provincias que asoman al mar. No tiene sentido ir más allá. Para un griego, el único mundo en que vale la pena vivir es el del Mediterráneo.

Pero el conquistador piensa de otra manera. Quiere avanzar hacia Oriente, perseguir al enemigo, hacer prisionero a Darío, conquistar las capitales, Susa, Persépolis y Babilonia, donde se dice que hay jardines floridos en medio del desierto.

Sus generales quisieran detenerse en Egipto; pero Alejandro los convence de continuar, alcanzar el corazón de Persia y capturar al gran rey. Atravesados el Éufrates y el Tigris, Alejandro está listo para enfrentarse y aniquilar para siempre al enemigo. En la llanura de Gaugamela, después de una larga y furiosa batalla, derrota al gigantesco ejército del Imperio aqueménida.

Ahora ya nada lo puede detener. Viaja hacia el interior de las provincias asiáticas, decidido a conquistar Babilonia. En la tradición griega, ésas son tierras de bárbaros, poblaciones esclavizadas e inertes, que hablan lenguas incomprensibles, pero el macedonio no comparte el esnobismo griego, está fascinado por Oriente.

A cada palmo de tierra que conquista, descubre nuevas maravillas. Envía plantas y animales raros o desconocidos a su maestro Aristóteles para su museo. Y, cuando llega a Babilonia, se presenta ante él un espectáculo que deja sin aliento.

En la capital mesopotámica ve la sexta maravilla: los babilonios han hecho florecer las terrazas de las torres mesopotámicas con árboles y plantas de todo tipo, realizando maravillosos jardines colgantes.

Ahora el viaje nos lleva a Persépolis.

Con su llegada, Babilonia entra a formar parte de los dominios macedonios. El emperador prosigue la caza de Darío en fuga, el rey persa al que ya ha derrotado en Gaugamela. Durante esta persecución, caen una tras otra las grandes capitales del Imperio persa. Susa la primera, luego Persépolis.

Alejandro entra en la ciudad, y aquí es responsable de un gesto clamoroso y destructivo. El imperio ya es suyo, el gran rey está en fuga, los sátrapas le rinden homenaje. El macedonio ya ha puesto las manos sobre el tesoro, no tiene ninguna necesidad de demostrar su potencia militar. Sin embargo, decide quemar Persépolis.

Después de su paso, la ciudad que los antiguos habían llamado «la más rica bajo el sol» ya no existe. El incendio comenzó probablemente en el palacio de Jerjes, y luego se extendió como un huracán por todo el complejo. Cuando los arqueólogos excavaron esta área, encontraron más de un metro de ceniza comprimida sobre el pavimento.

Un gesto tan absurdo pareció inexplicable ya a sus contemporáneos. El comandante de su ejército, Parmenión, dijo:

–Pero ¿por qué quemas lo que ya es tuyo?

La explicación más aceptada por las fuentes antiguas es ésta: una noche, durante una fiesta orgiástica, cuando todos estaban borrachos, incluido el rey, una bailarina ateniense que danzaba desnuda aferró de pronto una tea y gritó: «¡Venguemos el incendio de Atenas!». Prendió el fuego. Luego se puso a correr por el palacio, seguida por todos los demás, que hicieron lo mismo por todas partes.

Es posible que Alejandro estuviera borracho aquella noche, pero no consta que nunca realizara un gesto tan importante sin una razón precisa. Es probable, en cambio, que aquella noche quisiera concluir su cruzada antipersa en calidad de comandante de la liga de todos los griegos. Ciento cincuenta años antes, los persas habían quemado Atenas: ahora Alejandro quema Persépolis. Lo hecho, hecho está. Caso cerrado.

Ésta sería, digámoslo así, la explicación emocional. Podemos intentar dar también una más racional. Hemos dicho que Alejandro nunca dejaba nada al azar, que todas sus empresas fueron siempre atentamente meditadas y calculadas. En aquel momento, el conquistador está a punto de partir para la mayor de sus aventuras, no puede dejar a sus espaldas ese trono vacío y ese inmenso cofre lleno: más de cinco mil toneladas de oro y plata. Cualquiera podría sentarse en aquel trono y usar aquel tesoro para cortarle el paso, y dejarlo vagar por las desoladas soledades del Asia central. Por tanto, Alejandro quema el trono, es decir, el palacio, con todo lo que significa, y esconde el tesoro, lo desplaza a alguna parte de la montaña, con una expedición de seis mil bestias de carga y una escolta de quince mil soldados.

Ahora puede partir para extender sus dominios hasta los confines del mundo.

La fortaleza de Meybod está situada en el centro de Irán. Su parte más antigua data de hace cuatro mil años. Se trata de un importante centro de caravanas en las rutas hacia Oriente.

Fueron lugares como éste los que vieron pasar al ejército de Alejandro a su regreso de la India. El macedonio tuvo que renunciar al sueño de llevar su imperio hasta los confines del mundo. Un proyecto visionario que había sembrado el camino de muertos y heridos, y al cual Alejandro había sacrificado a sus mejores amigos, muertos por orden suya o incluso por su propia mano.

Cuando regresa a Babilonia, el clima en torno a él ha cambiado, sobre todo entre los veteranos. El descontento ha aumentado por los años pasados combatiendo y sufriendo el hambre, la sed y las enfermedades a miles de kilómetros de casa. Además, los hombres han debido aceptar la imposición de usos extranjeros: como la *proskinesis*, una especie de inclinación representada en los bajorrelieves de Persépolis, un acto de sumisión total al rey. Para los griegos era incomprensible que un hombre impusiera a otro hombre semejante humillación, y para los soldados y los veteranos su rey era un hombre, tan excepcional y grande como se quiera, pero siempre un hombre. No el hijo de Zeus.

Alejandro, además, insiste con los matrimonios mixtos: empuja a sus oficiales a casarse con mujeres de los territorios conquistados y enrola en su guardia a soldados persas, adiestrándolos a la manera macedonia. Por más que fastidiosas, estas medidas responden a exigencias de razón de Estado, y Alejandro puede justificarlas declarando su intención de absorber las culturas de las que ha devenido soberano. Por eso en Egipto se ha convertido en faraón; por eso aquí, en Persia, debe convertirse en rey de reyes.

Sin embargo, se ha manchado con pecados injustificables. En un acceso de ira mató con su propia mano a Clito, que le había salvado la vida en la batalla. Luego hizo ajusticiar a Filotas, su amigo de la infancia, héroe de las guerras persas, culpable de no haber denunciado una conspiración de la que estaba al corriente. Son actos gravísimos: pero el asesinato de Parmenión, padre de Filotas, es atroz.

Parmenión era su brazo derecho, como lo había sido de Filipo, su padre. Había estado siempre a su lado, demostrándole una fidelidad absoluta. Alejandro le había dejado las llaves del tesoro real, el mando del ejército de la retaguardia y el control de las vías de comunicación hacia Macedonia. El viejo general ya había perdido dos hijos en las campañas persas; Filotas era el último que le quedaba. Alejandro no quiso correr el riesgo de una revuelta que frustraría en un solo momento todos los inmensos esfuerzos hechos para la conquista del imperio. Sus sicarios alcanzan a Parmenión con velocísimos dromedarios, antes de que le llegue la noticia de la muerte de su hijo.

Ya para los contemporáneos, el asesinato del viejo comandante es un delito imperdonable y una mancha indeleble en el honor del macedonio. Y por todos estos motivos, por el descontento del ejército, por la despiadada dureza con que reprimió los conflictos internos, cuando Alejandro muere en Babilonia en agosto del 321 a. C., son muchas las sospechas que se acumulan sobre las verdaderas causas de su fin.

Las hipótesis principales sobre su muerte siguen siendo dos: la del veneno, y la de las causas naturales. Hay que decir, sin embargo, que una investigación muy reciente, realizada por un equipo médico que ha examinado todos los síntomas que aparecen en nuestras fuentes, ha optado al fin por la hipótesis de la muerte natural. Se habría tratado de una forma aguda de pancreatitis.

Sea como fuere, con Alejandro muere también su sueño de un imperio global, después de un periodo de guerras y de enfrentamientos violentos. El centro de la acción de sus sucesores vuelve a ser el Mediterráneo.

Alejandro muere en Babilonia, capital de su imperio. En su lecho de muerte, a los compañeros que le preguntan a quién dejará su reino, entregándole el anillo con el sello real a Pérdicas, responde: «Al más digno». Una respuesta ambigua: de modo que corresponde a ellos demostrar quién es el más digno, en detrimento de la paz construida por el rey.

Al principio prevalece la tendencia unitaria: Pérdicas será el regente en nombre del hijo de Alejandro, hasta que el pequeño haya alcanzado la mayoría de edad. Luego comienzan los primeros impulsos separatistas. En un enfrentamiento con Tolomeo, Pérdicas es derrotado y muerto. En ese punto, vale la lógica según la cual cada uno se proclama rey de la provincia que el macedonio le había confiado gobernar.

En este clima, la familia de Alejandro, madre, esposa e hijo, que queda sin protección, es quitada de en medio. En la lucha por la supremacía entre los sucesores del conquistador, el trono de Macedonia es el más prestigioso y el más ambicionado. Macedonia es la cabeza del imperio, custodia el tesoro real, y es la cuna de la dinastía de Alejandro. Pero al fin saldrá victoriosa la dinastía antigónida, con Demetrio, llamado el Poliorcetes, el expugnador de ciudades.

Demetrio, hijo de Antígono, se convierte en rey de Macedonia. Luego trata de extender su dominio a Grecia y a todas las islas del Egeo. Pero hay una ciudad que consigue resistírsele: en el 304 a. C., después de casi un año de asedio, Rodas rechaza al ejército macedonio.

Para celebrar esta victoria, Rodas eleva al dios protector de la isla, Helios, la estatua más grande del mundo. Es la séptima y última de las maravillas: el Coloso de Rodas.

El Coloso de Rodas es la primera de las siete maravillas en caer, cuando el recuerdo de Alejandro aún estaba muy vivo. Su imperio está dividido, sus herederos se combaten con dureza. Sin embargo, algo de su sueño universal sobrevive. La marcha del Magno ha sido acompañada por una amplia difusión de la cultura griega, en la cual se han integrado, no obstante, muchos elementos de las culturas indígenas. Cuando las guerras de sucesión se acaban y los reinos se estabilizan, aflora algo profundo que une a los pueblos también más allá de las fronteras.

En Palestina, Siria, Egipto, Tracia y Macedonia empiezan las reconstrucciones y fundaciones de ciudades. Así también en Asia Menor. Mileto, ciudad de la Caria, había sufrido un duro asedio de Alejandro: ahora es reconstruida. Se abren nuevas vías de comunicación.

Grecia, Persia y la India, antes separadas por barreras y distancias insuperables, intensifican sus intercambios.

Es gracias a este clima que el mundo antiguo comienza a percibirse como un organismo común. El elenco de las siete maravillas es un ejemplo de este nuevo sentimiento.

Al inicio de este itinerario de viaje nos hemos preguntado quién era verdaderamente Alejandro: un megalómano o un visionario capaz de un gran proyecto.

La magnífica civilización que nos dejó en herencia y sus mismas palabras nos quitan toda duda. A sus soldados, que lo acusan de ingratitud hacia sus sacrificios, se burlan de él por sus pretendidas ascendencias divinas y le dicen que de ahora en adelante puede ir a combatir con la ayuda de su padre, Zeus Amón, Alejandro responde: «Comenzaré por mi padre, Filipo, mientras envuelto en pieles pastoreaba el ganado en los montes. Él os ha hecho capaces de combatir a los bárbaros, os ha vestido con túnicas, dado buenas leyes y buenas costumbres. Es notable, pero es poco comparado con aquello que hemos conseguido hacer nosotros. Os he conducido vencedores por toda la tierra, el mar, los ríos, las montañas y las llanuras. He celebrado mi boda con vosotros y vuestros hijos serán mis parientes. Nadie ha muerto huyendo del enemigo, y a las víctimas les ha tocado un fin glorioso y una espléndida sepultura. Ahora que os queréis marchar, marchaos y anunciad que vuestro rey, Alejandro, que ha derrotado a los persas, medos, bactrianos, corasmos y hercanos, que ha atravesado el Cáucaso, el río Ocsos, el Hidaspes, y que habría atravesado también el río Hífasis si vosotros no os hubierais echado atrás; el hombre que ha avanzado hasta el gran océano ha atravesado desiertos nunca recorridos por los ejércitos, a ese hombre, lo habéis abandonado. Marchaos».

De estas palabras, pronunciadas en su último discurso al ejército, se desprende perfectamente que Alejandro no es presa de un delirio de omnipotencia, ni cree ser hijo de Zeus o de Amón. Todo lo que ha hecho ha sido con vistas a una nueva construcción política, de un nuevo concepto de Estado sin más barreras étnicas ni culturales. La civilización helenística, idealmente representada por las siete maravillas y encendida por la empresa del macedonio, es uno de los ejemplos más clamorosos y sorprendentes de revolución cultural, artística, científica y tecnológica. Al punto de que el inicio de la ciencia moderna fue posible precisamente regresando a los olvidados principios de los científicos y los investigadores alejandrinos. Esa empresa costó lágrimas, devastaciones y sangre. Porque todos los imperios se establecen sobre la violencia. Y todos están destinados a caer. Algunos, en su disolución, dejan solo desolación y escombros, otros dejan grandes civilizaciones destinadas a durar en el tiempo. Y éste es el único consuelo que le queda al género humano cuando echa la vista atrás para reflexionar sobre el misterio de su devenir.

Teutoburgo

La historia cuenta demasiado a menudo las victorias. No por casualidad se ha dicho que la historia la escriben los vencedores y que quien se queda sobre el terreno corre el riesgo del silencio y el olvido. La batalla de Teutoburgo y las vicisitudes relatadas por los historiadores, por una vez, unen a vencedores y vencidos.

Teutoburgo no fue un libro fácil para mí, me costó un gran esfuerzo. También porque el editor quería que saliera precisamente en el aniversario de la batalla: la batalla del bosque de Teutoburgo, que se libró el 09/09/09: el 9 de septiembre del año 9 d. C. En efecto, el libro fue publicado el 9 de septiembre de 2016. Notad que, si sumamos las cifras de 2016, obtenemos 9 como resultado. Una coincidencia, digamos, particular.

¿Qué es el bosque de Teutoburgo? El lugar en que un ejército romano compuesto por tres legiones de élite, la Decimoséptima, la Decimoctava y la Decimonovena, fue aniquilado por una coalición de tribus germánicas lideradas por Arminio.

Arminio es el nombre italianizado de Arminius en latín. Su nombre original en germánico es discutido. En Alemania, hoy, todos lo llaman Hermann, pero los estudiosos no están de acuerdo, porque Arminius no puede venir de Hermann, es más probable que derive de Harmin. De hecho, es así como lo llamo en las primeras páginas del libro, antes de que sea transferido a Roma y realice una carrera en el Imperio romano convirtiéndose en ciudadano, llevando toga e incluso llegando a ser miembro del rango de los *equites*, sólo por detrás de los senadores.

No sabemos casi nada de la juventud de Harmin, o Arminio, pero imaginamos que, junto con su hermano, desconocido su nombre germánico, pero conocido con el nombre latino de Flavus –o sea, rubio, claramente un apodo– vivió su infancia y adolescencia en

Roma. Los dos hermanos eran príncipes, hijos del jefe de la tribu de los queruscos, la tribu germánica más poderosa.

Os anticipo el final de la historia, para quien no lo sepa. Esta batalla concluyó con una catástrofe para los romanos, porque el ejército estaba liderado por Varo, que había llegado al puesto pensando que debía comportarse como el gobernador de Germania, cuando en realidad no existía aún una provincia de Germania. El mismo nombre, Germania, lo habían creado los romanos; los germanos, por su parte, no sabían que existía una Germania, sólo conocían los nombres de sus tribus. La de Teutoburgo fue la última «verdadera» batalla entre romanos y germanos. Luego hubo otras, pero Teutoburgo fue la batalla que puso fin a un proyecto grandioso: el de Augusto de desplazar la frontera nororiental del Imperio del Rin hasta el Elba, nada menos que seiscientos kilómetros más al este. Era un proyecto enorme, en el que participaron los mejores comandantes del Imperio, como Druso y Tiberio –el hijo de Augusto que un día se convertiría en emperador– o como Germánico –hijo de Druso, sobrino de Tiberio– durante casi veinte años.

¿Por qué Augusto quería Germania? Hay muchas hipótesis. La primera es que era una rectificación de la frontera. En efecto, había una frontera occidental, el Rin, que llegaba hasta el mar del Norte; luego había una frontera sudoriental, el Danubio. Dos ríos que nacían el uno cerca del otro, creando una especie de cuña. Esta batalla habría armonizado, pues, las fronteras.

Pero ¿por qué llevar la frontera a seiscientos kilómetros de distancia? Algunos piensan incluso en un proyecto casi desatinado para los conocimientos geográficos de los romanos en aquella época. Los romanos pensaban que el mar del Norte y el Caspio, al sudeste, eran dos golfos del océano. Imaginaban, por tanto, que las orillas del océano se extendían del mar del Norte al Caspio en una especie de arco de noreste a sudeste. Pensaban que, si llegaban a esa frontera, es decir, al límite extremo, el océano, ya alcanzado por ellos al norte, al oeste y al sur, habrían hecho coincidir el mundo entero con el Imperio romano.

Queda una tercera hipótesis, que yo pienso que es la correcta y que ahora paso a ilustrar. La Germania de entonces no tenía nada que ofrecer. No tenían ciudades, mientras que el Imperio tenía nueve mil ciudades, ciento cincuenta mil kilómetros de carreteras pavimentadas, tres mil kilómetros de acueductos, y además once flotas, treinta y ocho legiones, unos ochenta millones de habitantes, por una extensión total de cinco millones de kilómetros cuadrados. Se calcula que un cuarto de la humanidad vivía dentro de las fronteras del Imperio. ¿Cómo es posible que sucediera una catástrofe como Teutoburgo? ¿Cómo es posible que Augusto, político sutil y agudo, de enorme inteligencia, cometiera semejante error al nombrar regidor supremo de aquella tierra a un idiota como Quintilio Varo? Y eso que había sido puesto en guardia por los mismos jefes germanos, aliados de Roma: «Mira que Arminio está preparando una confederación de todas las tribus germánicas para echaros de Germania. Hazlo encadenar de inmediato, a él y a todos sus amigos. Haznos encadenar también a nosotros, así no tendrán a nadie. Y verás que cuando los germanos no tengan un jefe se disolverán». La respuesta fue, prácticamente: «Lo decís por envidia, porque es un hombre valentísimo». Ciertamente, era muy valiente, era incluso ciudadano romano, era el comandante de los auxiliares romanos del ejército.

Pero, en los años 5 y 6 después d. C., es decir, tres años antes, Tiberio había realizado una campaña devastadora: literalmente, había aniquilado a los germanos, pero no los había exterminado. Había llegado al sur, donde había quedado un único estado independiente, Bohemia. Establecido en la actual Austria, había organizado dos cuerpos de ejército: uno que descendía del norte con cuatro legiones y otro que llegaba del sudeste, con otras cuatro o cinco legiones desde los Balcanes, con el fin de aplastar esta última resistencia. Ambos cuerpos de ejército llegaron a cinco días de marcha de las fronteras septentrional y meridional. Lo que significa que los dos cuerpos de ejército se intercambiaron noticias y posición exacta, cada día y cada noche. De otro modo, no es concebible semejante sincronía, dada una inicial distancia de partida de mil novecientos kilómetros.

La expedición no acabó como los romanos habrían querido porque, mientras estaban por dar el último golpe, llegó la noticia de que los Balcanes se habían sublevado. Y la frontera balcánica la había creado Varo.

El hecho es que, cuando llegó, Quintilio Varo tuvo la impresión de que estaba en un país pacificado: en apariencia, tanto Tiberio como antes Druso habían domado a estos pueblos irreductibles. Así parecía. Al punto de que Varo iba de aldea en aldea para administrar personalmente la justicia romana, que era compleja y basada en un férreo código de leyes. En resumen, se comportaba como si estuviera en el foro romano, mientras la justicia para los jefes germánicos era otra cosa, mucho más primitiva y sencilla.

Probablemente, los germanos sentían esta situación como una humillación: parecían aceptarla, pero el fuego ardía bajo las cenizas.

En este punto entra en escena el joven Arminio, que hasta entonces ha sido ciudadano romano. No sólo eso: seguramente, se ha ganado la vida combatiendo a las órdenes de Tiberio, masacrando a sus consanguíneos hasta pocos años antes.

Germania, lo repetimos, no tenía nada que ofrecer al Imperio. Bosques ilimitados, ríos que se empantanaban, ciénagas por doquier, millones de mosquitos, pequeños asentamientos, de no más de quinientos habitantes. Las tribus germánicas no conocían la siderurgia, ignoraban las bases de la agricultura, vivían de la caza y de la pesca. Los inviernos eran largos y muy fríos, los veranos breves y húmedos. Escribe Tácito, varios años después de los hechos que nos ocupan, sobre una tierra *aspra caelo* (tierra dura): una tierra con un clima y un cielo espantosos, horrendos. Y por todas estas razones añadía: «Los germanos son similares solo a sí mismos». Frase que luego, dicho sea de paso, se convertiría en el caballo de batalla de Hitler, que quiso poner el acento sobre el hecho de que desde siempre los germanos eran una raza pura. Por supuesto, Hitler se cuidaba mucho de decir lo que Tácito añadía inmediatamente después, cuando escribía que con un clima tan horrible nadie quería habitar ahí

La pregunta ha quedado pendiente hasta el día de hoy: ¿por qué querer extender esas fronteras? Quizá porque, en su clarividencia, Augusto ya había previsto una Europa unida, una Europa que ahora nos afanamos por mantener unida con un miedo terrible a que se haga pedazos. Así pues, si el plan se hubiera cumplido, Europa ya estaría hecha desde los tiempos de Augusto.

Pero no sólo eso. No es probable que se hubieran producido las invasiones bárbaras, porque todos los pueblos habrían estado ya unidos, y habrían tenido todo el tiempo para convertirse en romanos.

¿Os dais cuenta de qué habría significado el éxito de un proyecto semejante?

La idea de Augusto debía de ser increíble, grandiosa, enorme. De geopolítica pura. Pensad que hoy los proyectos se ponen en marcha con un horizonte medio de seis meses. No seis siglos, seis meses. Y en gran parte son calculados por ordenadores, ni siquiera sabemos quién está al mando, ni siquiera sabemos a quién agradecer o a quién maldecir. Pero volvamos a nosotros, a Teutoburgo.

¿Por qué Arminio traicionó al ejército romano? Ésa es la cuestión.

Su hermano permaneció por siempre fiel al Imperio de Roma. Se casó, tuvo un hijo varón y lo llamó Italicus. Había hecho su elección y la mantuvo, por lo que sabemos, hasta la muerte.

¿Por qué Arminio no? Un hombre que había llevado la toga. Probablemente, nunca lo sepamos. Pero es posible que, crecido en una forma, por así decirlo, de «domesticación», se diera cuenta de que en realidad era un animal salvaje. Y que ésta, su naturaleza ancestral, al final, tomara el control. Es difícil imaginar otra cosa.

Al final del siglo XIX, los alemanes elevaron a este Hermann, así lo llamaban entonces, un monumento en la Selva Negra de setenta metros de altura, entre pedestal y estatua. Un error embarazoso, porque ahora los estudiosos han demostrado que Arminio primero se había adecuado al sistema romano, y luego lo había traicionado.

En efecto, conocía muy bien el ejército de Roma; sabía que, alineado en campo abierto, era invencible, porque se trataba de hombres cubiertos de hierro, que de a miles obedecían como un solo hombre a una orden de los superiores, que se batían siempre hasta el último aliento, que todos juntos, en bloque, constituían una masa arrolladora. Le dijo a Varo: «Hay una tribu que se ha rebelado no lejos de aquí. No nos la dejemos a las espaldas, que no se difunda esta enfermedad y que otros no hagan lo mismo, viendo que quien se rebela queda impune. No está lejos». Y Varo lo siguió. Hacía de vanguardia; pero cuanto más se adelantaba, más los bosques de los costados se hacían densos y negros, más el horizonte se hacía estrecho, arduo, difícil e impracticable. Luego empezó también el mal tiempo. El ejército se debió alargar y adelgazar, porque no había espacio, y se convirtió en una serpiente de cuatro kilómetros de largo. Y se hizo vulnerable, porque por doquier había unidades de guerreros germánicos que arrojaban flechas y lanzas y luego desaparecían. Era su territorio. Ellos eran como peces en el océano, mientras que aquella serpiente sangraba cada día más, cada noche más.

Al final de aquel lugar, había una especie de colina de piedra. El sendero pasaba entre este macizo de casi cuatrocientos metros de altura y un enorme pantano. El paso era estrecho. Los hombres se hundían hasta las rodillas, las bestias de carga también, los carros eran una molestia. Arminio, anticipándose, hizo desviar el sendero para que pasase por las inmediaciones de Kalkriese, es decir, junto al macizo. Y a los pies de la colina rocosa había creado una especie de rejilla aplicándole encima terrones de hierba para cubrirlo completamente, verde sobre verde. Detrás, había situado veinte mil guerreros germánicos. Muchos más estaban colocados dentro del bosque, a medida que el ejército avanzaba.

La batalla duró tres días y tres noches. Hay quien habla de una cuarta batalla, a la que alude un pasaje lagunoso de Dion Casio, una de nuestras tres fuentes principales. Muchos han supuesto que hubo una cuarta jornada. Es cierto que hubo dos tempestades, una de las cuales desarraigó los árboles, derribándolos en el punto de paso. Estos árboles debían ser removidos. Fue un esfuerzo ingente. Al final, la última noche, cuanto había quedado de tres legiones de élite de soldados formidables se reunió en un modesto relieve. Y, antes de que los enemigos los alcanzasen, Arminio dio la orden y desde atrás de las rejillas se lanzaron treinta y cinco mil lanzas en veinte minutos.

Los legionarios no se dejaron dominar. Pensaban que al día siguiente habrían podido moverse hacia un sendero más amplio y marchar más deprisa sin los carros, a los que habían prendido fuego, para tratar de llegar lo más cerca posible de las fortalezas romanas del Rin. El jefe de la caballería había recibido el encargo de correr hacia delante, para advertirlos de que fueran a su encuentro. El comandante de Castra Vetera, una de las grandes fortalezas legionarias, se llamaba Asprenas y era sobrino de Varo.

Los legionarios no llegaron nunca. Fueron continuamente atacados, paso a paso, y se sembró el terreno de cadáveres.

En resumen, Germania se reveló una vez más funesta para los romanos. Entre los grandes caudillos que perdieron la vida allí estuvo sobre todo Druso, el hombre que había logrado empujarlos hasta la frontera con el Elba. Y entonces decidió no proseguir más allá y volver atrás, habiendo recibido una advertencia, escribe Dion Casio, de una mujer de enorme grandeza que le ordenó detener sus conquistas y retroceder. En el viaje de regreso, a consecuencia de una caída del caballo, Druso se rompió una pierna y murió por una infección. Cuando su hermano Tiberio lo supo, montó a caballo con una docena de pretorianos, los dejó atrás a todos por el camino y se precipitó cabalgando día y noche para llegar al último suspiro de su hermano. Druso, moribundo, enterado de que su hermano estaba llegando, hizo alinear las legiones. Tiberio llegó, saludado como su rango requería, justo a tiempo para recoger su último suspiro.

Seis años después de Teutoburgo, muerto Augusto, Tiberio, el que antes había sido el más grande soldado del Imperio, se convirtió en emperador. Un soldado que nunca había sido derrotado. Precisamente él dará el encargo a su sobrino, hijo de su hermano Druso, de vengar Teutoburgo.

Sin embargo, Tiberio se convenció de que Germania no podía ser romanizada; así, decidió devolver la frontera al Rin, frustrando veinte años de guerra. Había sido el mismo Druso, antes de morir, quien se lo había dicho: «La frontera, al Rin». El emperador mantuvo su palabra y mandó a Germánico, ordenándole: «Ven a Teutoburgo, pero luego regresa a casa. Devuelve las legiones al Rin y luego regresa a casa».

El comandante juntó un ejército increíble, casi cien mil hombres. En su reunión de Estado Mayor dijo, más o menos: «¿Por qué debemos llegar al Elba desangrándonos en medio de mil emboscadas, empantanados en las ciénagas? Remontemos a lo largo de los ríos y desembarquemos en el corazón de Germania, sin perder ni un hombre. ¡Mil naves bastarán!». Mil naves habrían tenido una longitud de treinta y cinco kilómetros.

El epílogo de todo esto fue la batalla de Idistaviso, que estuvo a punto de convertirse en una segunda Teutoburgo. Porque Germánico se vio obligado a seguir un itinerario que se hacía cada vez más estrecho y rodeado de bosque. En estas circunstancias, el mando de las tribus germánicas no lo tenía, extrañamente, Arminio. Estaba presente, pero pienso que él no era el comandante; quizás a la cabeza había algún otro, cuyo nombre ignoramos. Este caudillo desconocido se percató de que el ejército romano tenía una legión a la cabeza, dos pares de legiones en los flancos de los pertrechos y de los equipos, y una en retaguardia. Puesto que su ejército era con mucho más numeroso que la legión de cola, ese desconocido comandante germánico pensó que podría aniquilar tranquilamente estas legiones.

El joven Germánico no era estúpido: se olió la amenaza y, en cuanto oyó gritos y estrépitos procedentes de la retaguardia, giró su caballo, lo espoleó a toda velocidad y ordenó volver atrás: cada legionario se dio media vuelta. El águila que estaba a la cabeza voló hasta la cola, estableciendo cuál era el frente. Al no estar aún dentro de un embudo, consiguieron alinearse. Germánico ordenó que todas las demás legiones salieran y se alinearan a derecha y a izquierda. Luego ordenó el ataque: «¡Sin prisioneros! ¡Sin prisioneros!».

Antes de esta victoria, el joven había llevado sus legiones a Teutoburgo, el lugar de la masacre de seis años antes. Tácito nos describe la escena de lo que vieron allí: un campo inmenso cubierto de esqueletos, los oficiales clavados a los árboles a través de las órbitas de los ojos, otros decapitados, despedazados e inmolados en los altares de los dioses germánicos de los bosques. Tiberio escribió una carta a Germánico, diciendo: «Has hecho mal, porque has destruido la moral de tus tropas». Y él respondió: «¡No, al contrario! ¡Están furiosos, yo los llevaré a la victoria y capturaré a ese traidor!».

No lo consiguió por poco. Sólo logró capturar a la mujer y al hijo de Arminio, a los que llevó como triunfo a Roma.

Con la expedición de Germánico había también un ciudadano boloñés que se llamaba Aulo Celio. Lo sabemos gracias a una inscripción conservada en el museo de Bonn. Había venido para buscar los huesos de su hermano, el centurión de primera línea Marco Celio, llamado Tauro: pero en aquella desolada extensión de esqueletos no pudo reconocerlos. Todos los huesos habían sido cargados en carros y amontonados en un único lugar, luego cubiertos por un túmulo de tierra gigantesco, una sepultura que pareció digna de hombres que se habían batido y habían dado la vida por Roma.

¿Qué hizo nuestro amigo boloñés? En una de las fortalezas legionarias de frontera, todas ellas aún en pie, hizo esculpir un cenotafio, una tumba vacía, dedicándola a su hermano representado en primer plano, en uniforme de gala, con el pecho cubierto de condecoraciones y una mano en el *vitis*, el bastón que servía para infundir vigor a los reclutas. La inscripción reza: «Aulo Celio a Marco Celio, centurión de primera fila de la Decimoctava legión»; y concluye: «Si alguien lo desea, le está permitido traer sus huesos aquí».

Ése fue el marco en el que ambienté la novela. Una vez más podríamos preguntarnos: ¿por qué una novela?

Estos acontecimientos han sido estudiados sin pausa. Sin embargo, la expresión literaria es la única que nos permite contar no solo cómo fueron las cosas –porque cualquier escritor en sus cabales respeta las verdades consagradas y ya establecidas–, sino recrear la vida, los sentimientos, las esperanzas, la desesperación y el dolor. Sólo la expresión literaria, sólo la imaginación puede evocar los alaridos, los gritos, el fragor de los truenos y el resplandor enceguecedor de los relámpagos. Si imaginamos que estamos allí, en el campo de batalla, con fango hasta las rodillas, bajo la lluvia batiente, gélida, bajo el ataque continuo, inextinguible de miles y miles de enemigos, entonces las cosas cambian, y esa experiencia se convierte en la tragedia que desanimó al emperador Augusto, el cual se jactó en su manifiesto político de la victoria de Germania sabiendo perfectamente que no era verdad.

Quisiera daros un ejemplo de cómo la literatura consigue transportarnos en el tiempo y en el espacio y hacernos vivir esta historia como si fuéramos coprotagonistas. Ésta que es también la historia de dos hermanos boloñeses y de dos hermanos germánicos, niños y adolescentes primero, luego jóvenes guerreros.

Tácito describe una escena impresionante: Germánico está acampado sobre la orilla izquierda del Rin, del otro lado están las hordas germánicas y está Arminio, que se adelanta con su caballo sobre la ribera del río Weser, pide hablar con su hermano y lo consigue. Tácito describe de manera muy impostada y retórica este encuentro, introduciendo términos que probablemente no eran ni siquiera usados ni conocidos. Yo me atreví –sí, lo admito, hay que ser un buen caradura, lo sé– a reescribir aquella escena, de la manera que me parecía más realista.

Los dos ejércitos se enfrentaban sobre las dos riberas del Visurgis, sobre la orilla derecha Germania y sobre la izquierda Roma. Arminius y algunos jefes se encontraron sobre la ribera derecha para observar los movimientos de las tropas enemigas. En un momento dado, viendo que un grupo de oficiales romanos caminaban a lo largo de la orilla, gritó en latín: «¿Es verdad que el comandante está en el campamento?». «Es muy cierto», respondió uno de los tribunos. «Quisiera preguntarle si puede concederme una entrevista con mi hermano, al que vosotros llamáis Flavus, que me dicen que también está ahí».

Los oficiales se miraron el uno al otro, dándose cuenta de que estaban frente a Arminio, el caudillo de la coalición germánica. «Espera –respondieron–, vamos a ver qué dicen».

–¡Pero –aulló Arminius– mantened apartados a los arqueros cuando me acerque!

–Bastardo –murmuró uno de los tres.

Pasó poco tiempo, y apareció Flavus junto a Estertinio, uno de los lugartenientes de Estado Mayor de Germánico, que se mantuvo alejado dejándolo avanzar.

–¡Eh! –lo saludó Arminius–, ¿cómo estás?

–Bastante bien.

–Pero ¿qué te has hecho en ese ojo? Por eso no te reconocí en Teutoburgo, bajo la máscara.

–Olvídate de Teutoburgo –respondió Flavus, con dureza.

–¿Cómo has perdido el ojo?

–En la batalla, durante la campaña del comandante Tiberio.

–¿Y qué has ganado?

–Son cosas mías, ¡el ojo es mío! ¡No he perdido el tuyo!

–No has cambiado, siempre irascible.

–¿Para decirme eso has querido verme?

–No, pero pensaba que podíamos razonar, antes éramos hermanos, y para traerte un mensaje de nuestra madre.

Flavus no dijo nada.

–Te manda decir que atravieses este río y pases de nuestro lado, que es también el tuyo, el de tu pueblo y de tu tierra. No puedes traicionarnos, no puedes ser un siervo de los romanos.

–Yo no soy siervo de nadie, he dado mi palabra y la he mantenido, como hacen ellos. Germánico ha prometido que trataría humanamente a tu mujer y a tu hijo y ha mantenido la palabra.

»Tú aceptaste la ciudadanía romana, el rango de caballero, vestiste la toga y luego traicionaste. Traicionaste, ¿entiendes? Yo no. ¿Sabes cuántos amigos han muerto en Teutoburgo? Amigos que me habían salvado la vida tantas veces, en la batalla, hechos pedazos. Y a Tauro lo mataste tú, ¿no? ¿Y a Tiamino y Privato? Nos traían la comida a la mesa, ¿recuerdas? ¿Qué les habéis hecho? ¿Cortado la lengua, vaciado los ojos? ¿Y Varo? ¿Comiste su pan, bebiste su vino, ganaste su confianza y luego le cortaste la cabeza? No eres mi hermano, eres un bastardo. Yo tengo una sola palabra, tú tienes mil.

Sobre la traición

Un cortesano y escritor del siglo XVII, *sir John Harrington, escribió que la traición no triunfa nunca porque si triunfa nadie se atreve a llamarlo traición. Ésta quiere ser una reseña de traiciones de amor, de palabra, de fidelidad política, de traiciones arrancadas con la tortura y la amenaza. Una reseña que ilumina y enseña gracias a las historias de quien es vencido.*

El mito está hecho de leyendas misteriosas que cuentan los destinos de héroes y divinidades; un relato fascinante, en que la historia cambia en el tiempo, de voz en voz, de leyenda en leyenda.

Tomemos la muerte de Aquiles asesinado, según una versión, por una flecha lanzada por Apolo y, según otra versión, por Paris, pero siempre con la ayuda decisiva de Apolo, que habría dirigido la flecha hacia el único punto vulnerable de Aquiles: el talón.

Existe otra leyenda, en que la muerte del héroe se liga a una traición y a un gran amor. El amor de Aquiles por Polixena, hija de Príamo.

El guerrero se enamora perdidamente y con tal de desposarla está dispuesto a todo, incluso a traicionar a sus compañeros, poniéndose del lado de los troyanos. Así, se pone de acuerdo con Príamo, el rey de Troya. El templo de Apolo Timbreo es el lugar elegido para consagrar el pacto. Aquiles llega desarmado, y aquí Paris, escondido detrás de la estatua del dios, lo mata.

Traicionar por amor, y ser asesinado a traición. Éste es el destino de Aquiles.

No hay mayor ofensa que oírse decir: «Eres un Judas», un nombre pronunciado con desprecio, que todos conocen y comprenden de inmediato. Ser un Judas significa ser un traidor. Este breve ensayo sobre la traición sólo podía empezar por él, Judas Iscariote, el traidor de Jesús, el apóstol, que vende al Mesías por treinta monedas. En la tradición occidental, Judas representa al arquetipo del traidor, una figura que, sobre todo en la Edad Media, inspira a grandes pintores.

Y ahora una tercera pieza. Mafia y *omertà* (ley del silencio) son una sola cosa. Romper el silencio significa traicionar la *omertà* y, por tanto, a la mafia. *Omertà*: una palabra misteriosa, totalmente siciliana, cuyo origen solo podía ser aclarado por un palermitano, Giuseppe Pitrè, médico del siglo XIX, pero también historiador y filólogo, considerado el padre de la ciencia folclórica italiana.

Según Pitrè, el término *omertà* derivaría de *uomo* (hombre), pero no de un hombre cualquiera: el hombre fuerte y serio, el hombre que no habla, que no denuncia, que resuelve las controversias sin recurrir al Estado. Esta cultura de la *omertà* se encuentra en muchos proverbios sicilianos, como: «El hombre que habla mucho no dice nada», «El hombre que habla poco es sabio», o «La verdad se dice sólo al confesor». En resumen, el hombre sólo es un hombre si es *omertoso*, mientras que quien habla es un infame, un traidor.

En la lógica mafiosa, el razonamiento es impecable, pero ¿qué sucede si un hombre de honor habla, pero no se declara arrepentido? Ése es el caso de Tommaso Buscetta, el *boss* de los dos mundos. Buscetta no se considera un infame, para él son los corleoneses de Totò Riina los que han traicionado los ideales de la Cosa Nostra, y es también por esa razón que decide colaborar con la justicia.

Pero dejemos a Buscetta y la mafia a sus leyes no escritas, y continuemos explorando el silencio y la traición. Cambiemos de escenario. Segunda Guerra Mundial. Por una parte, los nazis; por la otra, los partisanos. Planteémonos esta pregunta: ¿se puede traicionar sin ser traidor?

Tomemos a un partisano aterrorizado por extorsiones indecibles, maltratado y torturado, un hombre que, vencido por el dolor, al final cede y cuenta lo que no habría querido nunca contar. ¿Puede ser definido como un traidor?

Creo que no. Este hombre ha traicionado sin ser un traidor. No ha sido un héroe, no lo ha conseguido, pero esto no hace de él un traidor, solo un hombre.

El héroe es más que un hombre. A veces ocurre que alguien se convierte en héroe con solo dieciocho años. Es el caso de Orlando Orlandi Posti, condecorado con la medalla de plata al valor militar. Es una medalla a la memoria; en la motivación se lee: «Capturado, oponía el silencio a las más atroces torturas. Concluyó su noble vida, que había consagrado a la causa de la libertad, en las fosas ardeatinas». De Orlando nos queda un diario conservado en el archivo de Pieve Santo Stefano.

Adelante, ahora, hacia otro escenario. La Unión Soviética, la patria del socialismo.

En pleno enfrentamiento entre Stalin y Trotski, hay un italiano, un comunista, que en 1922 se habia trasladado a Moscú. Se llama Secondo Tranquilli, pero ha pasado a la historia con el seudónimo de Ignazio Silone. Es el gran escritor, el autor de obras maestras como *Fontamara*.

Pero antes de convertirse en un novelista famoso en todo el mundo, Silone fue un activista político, un joven que abraza la causa comunista, para luego alejarse de ella a principios de los años treinta. Un militante, pues, pero no sólo eso. Porque en su vida hay un lado oscuro, un misterio que muchos consideran una verdadera traición, una doble vida: por una parte, el revolucionario de profesión, por la otra, un informante de la policía. De 1919 a 1930 envía a la jefatura de Roma noticias sobre el movimiento comunista. Es un secreto que aflora en el libro *Vino y pan*, publicado por Silone en 1937. En aquellas páginas, la ficción literaria se parece a una confesión.

De la traición a la muerte, a la muerte por amor. En efecto, morir por amor es el triste destino de Paolo y Francesca. Estamos en el segundo círculo del *Infierno* de Dante, en que, como sabemos, se encuentran las almas de los lujuriosos. Francesca se ha casado con Giovanni Malatesta, llamado Gianciotto, porque es *ciotto*, cojo, lisiado. Sin embargo, Francesca está perdidamente enamorada de su cuñado, Paolo, que era guapísimo. Su amor prohibido fue descubierto y Gianciotto los mató.

Paolo y Francesca se han convertido en el símbolo del crimen pasional, de la traición vengada con sangre. Es una historia antigua, que atraviesa los siglos y llega hasta nuestros tiempos. En efecto, sólo en 1981 fue cancelado definitivamente el artículo 587 del Código Penal italiano, el llamado «crimen de honor», que preveía de tres a siete años de cárcel para quien matara a la esposa, la hija, o la hermana después de haber descubierto una ilegítima relación carnal. La misma pena estaba prevista para quien mataba al amante.

«El principal objetivo del proceso y de la condena a muerte no es la salvación del alma del reo, sino obtener el bien público y aterrorizar al pueblo». Lo escribe Francesco Pegna en la introducción al *Manual del inquisidor* de 1578. Pegna era un experto canónico, su especialidad era la inquisición de la herejía.

En el fondo, también la herejía como ruptura de la ortodoxia puede ser considerada una traición: una forma de infidelidad que a menudo llevaba a la muerte. Es una historia antigua. El derecho romano preveía incluso la hoguera para quien traicionaba a la suprema autoridad civil. Pero con la caída del Imperio de Occidente, en el 476, las cosas cambian progresivamente.

La Iglesia sustituía a la autoridad imperial. Dios se convertía en la fuente del derecho. La herejía, por tanto, era considerada como una traición de la majestad divina. En estos casos, pues, se aplicaba la misma pena prevista para los traidores de la autoridad terrenal: la hoguera.

Y es precisamente entre las llamas que muere un gran «traidor», según la Iglesia; según los laicos modernos, en cambio, un hombre destinado a convertirse en símbolo de la libertad de pensamiento. El filósofo Giordano Bruno.

La palabra es el medio, no el fin

Ya sea que hablemos de un thriller, una historia épica o una novela histórica, o también de una película, no podemos nunca actuar más allá del perímetro de la historia. Todo lo que escribamos, el contexto en el que actuemos, es siempre dado por la historia. Y nosotros somos los actores de esta escena, de nosotros depende escribir y vivir nuestra parte.

¿Sabíais que Aristóteles se ocupó del caso del asesinato de Filipo II de Macedonia? Llegando, por otra parte, a la única conclusión que podía ser aceptada, es decir, que se trataba de una turbia historia de amores masculinos. Pensad en el asesinato de Filipo II como en el de Kennedy. Una gran ceremonia pública: en los años sesenta del siglo pasado se trataba de un desfile, en la antigüedad de la procesión por su boda, una de tantas. Luego un sicario lo asesina y el propio sicario muere inmediatamente. Nunca se supo quién mató a Kennedy y tampoco quién fue el instigador del asesinato de Filipo II. Podían ser los persas, porque tenían un ejército macedonio en Asia Menor; podían ser los atenienses, que habían perdido su libertad; podían ser supervivientes tebanos que habían visto su ciudad arrasada; podía ser la reina Olimpia, que había visto cómo ponían por delante de ella a una chiquilla de diecinueve años, a la que él había desposado con gran pompa, dejándola de lado. Hay quien dijo que podía haber sido incluso el mismo Alejandro, que tenía demasiada prisa para hacer las cosas a su manera y necesitaba que su viejo padre se hiciera a un lado. Todos sospechosos, ninguno culpable.

Así que, ya veis, al final lo que ocurrió, si es estudiado de verdad, nos puede proporcionar la clave para entender. Que se trate de un *thriller* o de una historia épica cuenta muy poco, porque son sólo etiquetas. Novela histórica decidme una novela que no sea histórica.

¿Es posible actuar fuera de la historia? No. Sólo Dios podría escribir una novela que no fuese histórica, porque se presume que existía antes y que existirá también después de que la historia haya concluido, pero en realidad todo lo que escribamos es histórico. Naturalmente, podríamos discutirlo, pero una novela histórica es la que está ambientada en el pasado, pero ¿cuánto pasado? ¿Diez, veinte, treinta siglos? No hay diferencia, todo lo que es pasado es histórico y en el momento en el que digo «ahora» ya es pasado. Por lo que son, por así decirlo, etiquetas, caracterizaciones que, en resumen, son irrelevantes.

Cine y literatura: su encuentro puede esconder insidias. El guion narra a través de escenas, es decir, de imágenes, mientras la novela narra con el uso del lenguaje. Así que yo puedo dedicar media página a describir la expresión de una mujer, pero, transportada a la pantalla, se convierten en tres segundos, no más, y será la habilidad de la actriz, y la capacidad del director de dirigir a la actriz, los que creen aquella emoción que tienes leyendo aquella media página de la novela. Yo escribí un guion del que, debo decir, estoy orgulloso, aunque nunca fuera realizado: el de las *Memorias de Adriano*, y fue una experiencia muy hermosa. Fue mi mujer la que me convenció. Y, por tanto, me puse a prueba y en un primer momento había gustado a todos. Luego el director designado, John Boorman, dijo: «¿Sabes? La segunda parte es un poco lenta, no muy cinematográfica». En el texto, Adriano va por ahí con este *toyboy* (que era Antinoo) y, por tanto, me inventé algo: forzando un poco la trama, transformé a Antinoo de *toyboy* a *ticking bomb*, es decir, en bomba de relojería, para crear un poco de tensión.

El tema de la «historia» no obstaculiza la unión entre cine y literatura. Porque el escritor no escribe de historia, el escritor escribe una historia. Allí está toda la diferencia. En inglés hay dos palabras diversas para decirlo: *history*, que significa «la historia», y *story*, que es «una historia». Yo puedo decirte: *I want to tell you a story*, quiero contarte una historia... Ésa es *una* historia, la otra es *la* historia. Un escritor no debe nunca escribir la historia porque entonces ésta se convierte en esa porquería que llamamos historia novelada, que no es ni carne ni pescado. No es literatura, a menudo es pésima también desde el punto de vista expresivo y la hacen, de costumbre, unos señores que, conociendo bastante bien los acontecimientos históricos, piensan que pueden escribir una novela. Y sale esa cosa repugnante que se llama historia novelada. Las dos cosas deben mantenerse separadas. El objetivo de una obra literaria no es contar la historia. Puede no haber ni siquiera un poco de ella. En mi libro *La torre de la soledad,* nada de lo que digo y cuento es verdad, nada. Y es uno de los libros que más amo. Si yo escribo una novela sobre Alejandro, no la historia, sino una novela, todos los diálogos, por ejemplo, son inventados. Debo respetar lo que realmente ha ocurrido si se trata de cosas realmente sucedidas, pero si en esas páginas quiero convocar la emoción debo convocar todos los elementos de la vida. En la historia científica, por ejemplo, no encontraréis nunca aspectos de costumbres, de vestimenta o de comida, para ello hay siempre obras especializadas.

Sin embargo, la literatura tiene esta ventaja: en una escena puedo reunir todos estos elementos, en el mismo momento. La historia, si no se es ya muy maduro, es siempre tediosa, porque no hay vida. Sólo tiene dos dimensiones: una cronológica (esto ha sucedido antes y esto después) y una, digamos así, política (esto ha sucedido y ha tenido determinadas consecuencias, esto ha ocurrido por un motivo específico y ha provocado, a su vez, otras consecuencias), ahí está la concatenación de los acontecimientos, y nada más. El objetivo de la literatura, en cambio, es crear emociones. Luego, lo sabéis, están los escritores que no emocionan en absoluto, pero son considerados escritores porque la calidad de su prosa se considera, digamos, «alta». La palabra es el medio, pero no el fin. La palabra puede ser el fin en la poesía, pero no en la prosa. En la poesía, la palabra ruge, la palabra silba, la palabra sopla, suena, se apaga y se enciende, es una música.

ENTREVISTAS

Buscar el regreso

Todo gran viaje, ya sea la idea de fundar un imperio nunca imaginado antes, o el descubrimiento de rastros de hazañas de hombres y de héroes, es un viaje de regreso. Emprender este viaje significa buscar el regreso.

GIOVANNA FAVRO: *Muchos lectores nos han escrito preguntando quién es hoy un héroe y quién ha hecho a Alejandro tan legendario.*

VALERIO MASSIMO MANFREDI: La figura del héroe nace en un tiempo muy remoto, cuando los hombres vivían en comunidades bastante pequeñas y no existían aún organismos de tipo intertribal o internacional para resolver los conflictos. Cada comunidad debía defenderse sola, y por eso todos los jóvenes varones eran educados en una ética muy particular, cuya base era el espíritu de sacrificio que contemplaba también el de la vida misma, en el caso de que fuera necesario. Por tanto, el sacrificio del individuo o de la persona, para que la comunidad sobreviviese. Es algo que aún puede ocurrir. Diría que el juez Falcone y el juez Borsellino son dos héroes. En efecto, han dado la vida para que la comunidad sea mejor.

Vuelvo a nuestro Alejandro. Unos trescientos años a. C., este jovencito conquista todo el mundo conquistable; parece inmortal porque tiene heridas en todo el cuerpo, golpes que habrían matado a cualquiera, y soporta cualquier esfuerzo. Cuando arenga a su ejército dice: «Desnudaos y mostrad el pecho, ¡nadie tiene más heridas que yo! ¡He compartido la comida, me he levantado al alba mientras aún dormíais! ¡Os he conducido a vencer todo lo que se podía!».

Y dice: «¡Ninguno de vosotros ha muerto huyendo!».

Y dice también: «No tengo heridas en la espalda».

Cierto. Este discurso de Alejandro es increíble. Diría que aquí habla como un *hooligan*.

Alejandro, escribe usted, tenía un carisma increíble y cualquiera que lo conocía, hombre o mujer, estaba dispuesto a seguirlo al infierno. Evidentemente, usted se ha enamorado de esta leyenda extraordinaria; y ha hecho enamorar a sus lectores. En el último libro va incluso a la caza de sus despojos, de una tumba de alabastro.

Sí, es una tumba perdida y de la que se pierde el rastro ya a principios del siglo v, cuando san Juan Crisóstomo en la catedral de Antioquía, hablando de las tumbas de los mártires que serán recordados eternamente, dice que, en cambio, las de los otros se perderán, y que ya están perdidas. «¿Dónde está Alejandro?», pregunta a sus oyentes. «Nadie sabe dónde está».

A principios del siglo v, se debían de haber perdido también las huellas de su tumba, que luego fue buscada durante muchos siglos, un poco por todas partes. En Alejandría, pero también en otros sitios.

La tumba de alabastro, que fue descubierta por el profesor Breccia a principios del siglo XX y luego estudiada por Achille Adriani, podría ser todo lo que queda del sarcófago de Alejandro, y sobre todo de su mausoleo. Quizá una tumba de cámara, como la de su padre, Filipo, pulida por dentro y en bruto por fuera. Una condición que indica que esta tumba de cámara estaba coronada por un túmulo, como la tumba de Filipo II. Y dado que ésa es la forma más arcaica de tumba macedonia es altamente probable que sea la de Alejandro, también porque nuestras fuentes dicen que, después de él, los Tolomeos eran sepultados en pirámides y mausoleos; así lo dice, por ejemplo, el poeta Lucano. Son pirámides y mausoleos, o sea, tumbas que imitaban las sepulturas de los reyes egipcios, de los faraones, o el gran mausoleo de Halicarnaso. La tumba de Alejandro no se parece ni a una ni a otra; por tanto, es más antigua.

Pero alguien dice que fue secretamente transportado a su patria y que allí fue sepultado solo un muñeco. Dicen que murió envenenado con arsénico, alguien sostiene que murió de malaria.

La del muñeco es una historia que encontramos en la *Novela de Alejandro* y es completamente fantástica. El hecho de que los despojos hayan sido llevados a Ege, a la capital ancestral, carece totalmente de fundamento.

Por lo que se refiere, en cambio, a la muerte de Alejandro, se han barajado muchas hipótesis, pero la suya parece la consecuencia de una enfermedad traumática y aguda, dados los síntomas. No tenemos un verdadero parte médico, y el diario de la corte, llevado por su secretario, Éumenes de Cardia, nos dice todo de los últimos diez días: cuándo se levantó, si se bañó, si desayunó y cuándo mantuvo la reunión del Estado Mayor, si ofreció sacrificios a los dioses, si tenía la fiebre alta, si esta había bajado un poco.

Lo sabemos más o menos casi todo, y sobre la base de estas informaciones muchos médicos han proclamado un análisis y un diagnóstico. En mi opinión, el más probable es una pancreatitis aguda fulminante. El dolor penetrante en la espalda, que lo hace gritar y que debía de ser insoportable incluso para él, que estaba habituado a soportarlo habitualmente, es lo que sienten quienes están afectados de pancreatitis aguda. Un dolor percibido como un hierro, como una puñalada en la espalda. Y esto sucedió después de que en una noche de excesos bebió la llamada Copa de Heracles, es decir, un ánfora de vino puro de un trago. Una de tantas bravatas que habría podido ahorrarse si Alejandro hubiera sabido cuidar de sí mismo.

Un lector nos pregunta cuáles eran los vicios de Alejandro.

Estaba sometido a ataques de ira incontrolable, por los que, de joven culto, incluso compasivo, inteligente y agudo, podía transformarse en un instante en un guerrero arcaico, sanguinario y violentísimo. Tenía una naturaleza quimérica: la racionalidad de su padre, Filipo, y la energía, la agresividad bestial de su madre, Olimpia.

Y con las mujeres, ¿cómo era?

Las respetaba. Cuando se adueñó del campamento de Darío III y entró en el pabellón de las mujeres, digamos en el gineceo, lo hizo con extremo respeto, y pretendió que fueran tratadas con la máxima consideración. La reina madre, que sabía cuáles eran los usos y costumbres de los conquistadores, lo amó por el resto de su vida. Cuando Alejandro murió, la reina madre se cubrió la cabeza con un velo negro y se dejó morir de hambre. Alejandro tuvo muchas mujeres y amantes, y aquí entramos en el habitual discurso de su sexualidad. El macedonio amó también a su amigo, Hefestión.

¿Era gay?

Diría que no. «Gay» es un término moderno e indica una condición típicamente moderna. Para nosotros, un varón *gay* es un señor que no tiene relaciones con personas del otro sexo, sino casi exclusivamente con personas de su mismo sexo. Alejandro era un hombre de su tiempo, y para un griego o un hombre de educación griega no había categorías en el sexo, había una sexualidad que se expresaba de distinta manera según las situaciones.

Demos espacio a las preguntas de los lectores. Empecemos por ésta: ¿hay un amuleto, profesor, que lleve consigo en sus campañas de excavación?

Yo no soy supersticioso. Pero hay un objeto que siempre he llevado conmigo, y es una especie de estuche de cuero en que tengo todas las cosas absolutamente indispensables. Antes llevaba siempre conmigo mi cuchillo de caza, pero ahora se ha hecho imposible, con los controles aéreos.

¿Aún somos capaces de crear obras maestras?

Desde luego. La arquitectura moderna es absolutamente extraordinaria, tenemos arquitectos fabulosos. Pensemos en Frank Gehry y en el Museo de Arte Contemporáneo de Bilbao, en los puentes de Calatrava, en el aeropuerto de Osaka de nuestro Renzo Piano, que ha realizado una obra verdaderamente imposible: un aeropuerto que flota sobre el océano. Pienso que la arquitectura es, de entre las formas artísticas, la que tiene más capacidad de hacerse comprender por todos y de ser disfrutada por todos. El arte contemporáneo, a menudo, está un poco en una fuga hacia delante, porque desde la invención de la fotografía el arte contemporáneo ha pegado un salto hacia delante, para alejarse de ella lo máximo posible. Puede ser también que en el futuro se vuelva a formas expresivas de algún modo más aceptables por el gran público. El arte antiguo nacía en las calles; ahora el arte está dentro de los ambientes de las grandes galerías, de los grandes críticos.

¿Con qué personaje histórico se bebería con gusto un vaso de vino? Aparte de Alejandro.

Heródoto. Es un hombre de una simpatía irresistible. Alguien que sabe emocionarse, pero también ser crítico, frío y distante. Y luego no olvidemos su pasión por los pueblos, por sus usos y costumbres. Y aquella por los personajes que han sabido forjar el mundo, de un modo u otro.

Si usted hubiera sido Aquiles, ¿habría elegido una vida breve e intensa, o larga y tranquila?

Si hubiera sido Aquiles, por fuerza habría elegido una vida breve e intensa. Estaba en la naturaleza de Aquiles.

¿Y si no hubiera sido Aquiles, en general?

Digamos que he tenido la suerte de no tener que elegir. He tenido una vida hasta ahora suficientemente larga y sin duda intensísima. Espero que dure mucho más, porque la vida es algo maravilloso, para usar una expresión previsible, pero que para mí funciona. No me he negado ningún tipo de experiencia.

¿Qué diría a un niño para hacerle amar la historia, si este chico la considerase una materia aburrida?

Recuerdo la primera vez que entré en un aula y dije: «Bueno, ¿qué prevé hoy el horario?», y me respondieron: «Épica» y respondí: «Bien, muy bien. Leamos la *Ilíada*», y ellos: «¡Ah, pero es un rollo! ¡Es aburrido!». Entonces los desafié, diciendo: «¿Apostamos a que no es verdad?». Y en pocos días escenifiqué el décimo libro de la *Ilíada*. Lo pusimos en escena: los muchachos construyeron las armaduras, los trajes, las instalaciones técnicas, incluso la eléctrica. Con el profesor de Música compusieron la banda sonora. Fue de veras lo que se dice una realización coral, que tuvo muchas reposiciones. Al final del espectáculo, los muchachos ya no querían salir de sus personajes, se habían identificado totalmente.

Quiero decir que depende de quién propone estas cosas. De costumbre, el entusiasmo es contagioso.

Dentro de centenares de años, cuando el presente sea historia, según usted, ¿cómo lo contará un novelista? ¿Será una historia de terror, una policíaca o una epopeya rosa?

Quizá ninguna de esas tres cosas. Pero me lo temo más cercano al terror.

¿Cuál es su autor italiano contemporáneo preferido?

Ahora no hablo desde un punto de vista crítico y literario, sino afectivo. Me agrada mucho mi homónimo Valerio Evangelisti.

Volvamos a la historia con esta pregunta. En la organización de su inmenso reino, Alejandro trató de armonizar las leyes y las tradiciones griegas con las locales. ¿Usted cree que ese diseño debe seguirse también hoy a propósito de migraciones, no de ejércitos, sino casi de pueblos enteros?

En cierto sentido creo que Alejandro hubiera entendido cuál era el problema: no podemos borrar las culturas, que deben por fuerza convivir. Por tanto, era, cómo decirlo, camaleónico: se convertía en egipcio en Egipto, persa en Persia, griego en Grecia, macedonio en Macedonia. Era un joven muy inteligente, muy agudo, no era sólo un conquistador. Ya en su interior, en su ánimo, esta idea de amalgamar culturas era un hecho: los quince mil matrimonios mixtos lo demuestran. Pero lo prueba también el hecho de que haya fundido juntas, sin destruirlas, todas las grandes civilizaciones del pasado, creando una nueva y completamente original: una civilización hiperbólica, extraordinaria, fascinante como el helenismo. La civilización que construyó la mayor biblioteca jamás existida, el faro que disparaba un rayo de luz a cincuenta kilómetros de distancia, la más grande estatua jamás erigida, la más grande nave que hubiera surcado los océanos. Una civilización que midió la circunferencia de la Tierra, incluso intentó medir la distancia entre la Tierra y la Luna. Creo que la civilización creada por Alejandro es lo más parecido a nuestra civilización moderna.

¿Es verdad que la planta de la ciudad de Alejandría fue realizada siguiendo la forma del manto de Alejandro?

Así lo cuentan nuestras fuentes. Llegó este arquitecto, que se llamaba Dinócrates, proponiéndole construir una ciudad dedicada a él. Dinócrates quería esculpir un gigante, un coloso, en la roca del monte Athos, sentado en el trono y con la ciudad misma en la mano. La ciudad debía estar en la mano del coloso que representaba a Alejandro. Fue él mismo quien dijo que le parecía un poco excesiva, y propuso hacer algo más sencillo. Tiró el manto al suelo y dijo: «Diséñame una ciudad así, más o menos con esta forma», y era la forma aproximadamente trapezoidal del manto macedonio.

Acaso éste sería un tema etiológico, *post eventum*, es decir, después de que la ciudad ha sido construida, cuando se ha visto que tenía más o menos la forma de un manto macedonio. Pero también es verdad que Alejandro sabía ser muy sencillo. Cuando la reina Ada lo colmaba de delicias, gracias a un ejército de cocineros y pasteleros, en un momento dado le escribió: «Madre, sabes que soy un hombre sencillo, para mí es mejor un trozo de pan y un vaso de agua después de una larga marcha que todas estas cosas que me mandas, pero gracias de todos modos».

¿Qué lee, si lee, antes de dormir?

Antes de dormir leo siempre un pasaje de uno de los clásicos de los que está lleno mi estudio. Un poco para mantener el conocimiento del latín y del griego, un poco porque encuentro que los clásicos, en cuanto tales, tienen una actualidad extraordinaria.

¿Cómo festejó la publicación de su primer libro, y cómo festeja en general la salida de sus libros?

Como es tradicional en mi editorial. De costumbre, llegaba y firmaba las copias que mandar a los periodistas, y aún es así. Por tanto, veo a mis amigas de la oficina de prensa, luego como con mi editor y con ellas en un restaurante. En resumen, es un momento de euforia, de alegría. Luego pongo una copia del libro cerca de mí en el coche y siempre que hay un semáforo rojo la cojo y la miro. Es siempre una gran emoción.

¿El descubrimiento arqueológico al que quisiera asistir?

No me planteo este problema y no me gusta la idea. Prefiero hacer mis indagaciones que asistir a las de los otros.

¿Y, entonces, el descubrimiento arqueológico suyo que le ha dado mayor satisfacción?

Digamos que no fue mío en sentido estricto: fue una expedición conjunta con un colega británico en que hicimos el reconocimiento de un monumento que había descubierto casi por casualidad durante otro tipo de investigación. Este monumento, con toda probabilidad, es el Trofeo de los Diez Mil. Se trata de un gran túmulo de piedras elevado en el punto en que los Diez Mil de Jenofonte vieron el mar. Para mí fue una emoción increíble. Junto a mi colega hicimos la prueba del nueve: recorrimos el tramo de sendero que separaba el trofeo del primer lugar topográfico seguro, y nos dimos cuenta de que coincidía perfectamente con el dato presente en la *Anábasis* de Jenofonte.

La tumba de Alejandro, profesor. Usted, al fin, ¿está seguro de dónde se encuentra? ¿Ha encontrado la tumba?

La mía no fue una expedición arqueológica en sentido estricto, fue más que nada una puesta a punto, después de haber considerado todas las hipótesis y al final haber hecho una elección, la que estimaba justa. Creo haber aportado también contribuciones nuevas, sobre todo en la interpretación de las fuentes. Al final, pienso que la tumba de alabastro descubierta por Breccia y recompuesta por Achille Adriani podría ser efectivamente todo lo que nos queda de la tumba de Alejandro.

Por tanto, desvelado este enigma, ¿en qué se pondrá a prueba ahora?

No es que esté exactamente desvelado, es sólo una hipótesis. Sabemos que hay en curso nuevas investigaciones, por tanto, ya veremos.

Mi próxima exploración será distinta, completará también reconocimientos de tipo arqueológico, obviamente, y será la topografía de la *Odisea*.

Una topografía no entendida como descubrimiento del itinerario de Ulises; porque, como ha demostrado en un libro de recentísima aparición mi amigo Lorenzo Braccesi titulado *Siguiendo los pasos de Ulises*, ese itinerario se ha perdido totalmente.

Mi idea es llegar, a través de la indagación arqueológica de todos los centros habitados nombrados en la *Odisea*, a un trazado de tipo cronológico y de cultura material, que nos permita ver y reconstruir la evolución real de la composición del poema de Homero.

Historia, *magistra vitae*

La historia está en condiciones de enseñar, siempre, incluso cuando se presenta bajo la apariencia de la actualidad o de la crónica. Cuanto ocurre en el pasado, junto al estudio, puede vivir y seguir contándonos de nosotros. Luego está la épica, que no exige el vínculo de la exactitud y de la facticidad de los acontecimientos, es más bien un movimiento hacia las emociones, un relato que alimenta.

MONICA MONDO: *Valerio Massimo Manfredi, ¿por qué la historia es tan importante? ¿Es aún* magistra vitae?

VALERIO MASSIMO MANFREDI: Muchos grandes estudiosos estimaban y continúan creyendo que es «maestra»: en el sentido de que la antigüedad, ahora muerta, está quieta y se deja estudiar. Mientras que el presente es cada vez más sutil, y mientras lo llamamos presente ya ha pasado y no conseguimos ni siquiera entenderlo, capturarlo. Pero la antigüedad, al estar quieta, muerta de algún modo, se deja leer y entender.

¿Por qué ama tanto la historia?

No es una cuestión de amor, porque soy más un estudioso de las fuentes materiales. Es más bien una cuestión de elecciones de vida, de comprensión. Y es también una aventura, si queremos; para mí, especialmente, es también una aventura. Cuando decidí elegir qué hacer en la vida fue por exclusión: médico no, abogado con esos tomos de códigos nunca lo conseguiría, y así sucesivamente. Al final elegí Letras, y ya que estaba, Clásicas. Esta elección hizo también mi fortuna: en el sentido de que me ha proporcionado conocimientos, situaciones y palabras que luego se han convertido en parte de mi vida y parte de mi obra.

¿Por qué, según usted, tenemos tanta necesidad de héroes?

El héroe es una figura particular. En el mundo antiguo, donde no había instituciones internacionales de diplomacia y todas las comunidades criaban a los jóvenes varones para dar la vida, si era necesario, para que vivieran los otros, el héroe se sitúa en el medio, en un estatus entre el hombre y los dioses. Hércules, por ejemplo, es un personaje trágico. Lo convierten siempre en una especie de monstruo de circo; en cambio, Hércules es un fenómeno trágico, un personaje trágico. Después de la muerte de su familia y después de los doce trabajos, este héroe no consigue superar, por así decirlo, el trauma, y al final se arroja vivo a las llamas. Yo pienso que los héroes existen, de todos modos, siempre han existido y son necesarios.

¿Qué época vivimos hoy? ¿Una época pobre de héroes? ¿O quizá debemos ir a buscarlos?

No sé si ese es el punto. Vivimos en una época verdaderamente pobre de todo. El otro día estaba en un tren de alta velocidad, y era el único con un libro en la mano. Todos pendientes del móvil. Esto es terrible, porque de este modo se destruye también la lengua. La lengua es nuestra expresión más alta: nuestros chicos la están perdiendo porque ya no leen, están continuamente pendientes del móvil. Pero nunca se podrá constreñir a Séneca o Marx en un sms.

Hace poco leía un artículo en el *New York Times*, decía: atención, las escuelas humanísticas han sido diezmadas. Podríamos tener mañana, en vez de una población civilizada, una manada de bisontes que no se preguntan el porqué cuando reciben una orden.

Usted ha desarrollado parte de su carrera buscando entre las ruinas, aun teniendo sólidos estudios académicos. Me pregunto por qué sacar recuerdos de ahí.

Porque, cuando no tenemos fuentes literarias, tenemos que buscar fuentes materiales, para colmar las lagunas de nuestros conocimientos. Y luego está la emoción: en buscar entre las ruinas hay un aspecto emocional importante. Recuerdo una vez, en Lavinium, estábamos excavando con unos colegas el fondo de una cabaña de la Edad del Hierro. La cabaña había sido quemada probablemente por sus habitantes; en efecto, cada tanto, por razones higiénicas, las quemaban. El enlucido, que estaba hecho de arcilla, se había cocido con el incendio, pero conservaba las huellas de los dedos de quien lo había recubierto. Puse mi mano sobre aquellas huellas y sentí como una descarga eléctrica. Lo percibí como el paso de una información.

¿También usted de pequeño se ha exaltado leyendo las historias de Schliemann?

Exaltado diría que no, también porque había leído algunas biografías críticas que decían que, en realidad, Schliemann creó un tesoro que nunca ha existido con objetos de muchas épocas diversas.

Pero la actitud pionera, aventurera…

Eso sí. Schliemann creía que la guerra de Troya había sido realmente combatida. Cosa que pienso también yo. Pero no sólo eso: pienso que el colapso de la civilización micénica se debió precisamente a esa guerra. Piero Boitani la define como «la primera guerra mundial». Por una parte, los aqueos de Occidente, por la otra, Asia con el rey Príamo; y también África, porque África era considerada un apéndice de Asia. El poema *Etiópida*, que pertenece al ciclo de los poemas troyanos, narraba la llegada de un ejército de negros africanos liderados por Memnón. La palabra Etiopía quiere decir «caras quemadas».

¿Y, en cambio, el protagonista de su novela Quinto mandamiento*? Es muy distinto de Alejandro. Es un padre javeriano: el padre Marco Giraldi, abrumado por las historias de tantas personas que ha conocido y que han vivido con él. Un cura y a la vez un combatiente. ¿Dónde descubrió un personaje así, que existe de verdad? ¿Ha sido difícil trabajar sobre un personaje real?*

Lo conocí por pura casualidad. Estaba invitado al premio Scanno, en los Abruzos, premiado por la literatura, y también el padre Marco había sido invitado por sus méritos en la tutela del medio ambiente: porque se ha batido como un león para salvar la Amazonia y los pueblos que viven en ella. Para hacerlo, entró en un área restringida, una zona prohibida, y cogió una muestra del veneno usado para desfoliar las plantas, como hacían los americanos en Vietnam. Se contaminó, aunque se había puesto algo para proteger las vías respiratorias. Y luego corrió tres días y tres noches, perseguido por los perros, y llegó a la aldea. Se desplomó y permaneció en coma durante veintinueve días. Fue al hospital, y de allí a Italia, donde nos reencontramos de nuevo.

El asunto de *Quinto mandamiento* es una historia épica como las otras que he escrito, con personajes excepcionales, acontecimientos extraordinarios de los que no se sabe nada. Porque estos hechos no han sido nunca revelados; mientras la guerra en el Congo ha producido centenares de miles, millones de víctimas según la revista *Time*, y aún continúa. Cuando el padre Marco vio a esas monjas desnudadas, violadas, con los hábitos hechos jirones, entendió que no podía quedarse quieto, habló de ello con su superior. Éste le respondió: «Todo esto no tiene nada que ver con nosotros, nosotros sólo tenemos que rezar. Ya piensa en ello la Divina Providencia». Luego ocurrió que, en una reunión de estados generales de todas las misiones del Congo organizada por el nuncio apostólico, el padre Marco contó a la asamblea lo que había visto. El nuncio le dijo: «No te vayas, ven a mi despacho», y luego le preguntó: «Pero ¿es verdad lo que nos has dicho?». «Sí, desde luego». «Pero, hay que hacer algo, ¿qué dicen tus superiores?». «Dicen que ya piensa la Divina Providencia y que sólo debemos rezar». «¡Sí, pero a veces hay que echar una mano a la Divina Providencia!». «Es lo que digo yo». «Pero ¿estás seguro de que puedes hacerlo?». «¡Mañana mismo!». «¿Qué necesitas?». «Un cuerpo de combate». «¿Y dónde lo encuentro, hijo mío?». «Usted encuentre el dinero, que los combatientes cuestan caros».

El padre Marco tuvo el encargo de otra misión: una segunda misión, un segundo crisma. Recordó aquella frase del Evangelio de Mateo que reza: «No vine a traer paz, sino espada». Y hay misiones especiales que llevó a cabo en medio de mil peligros, arriesgando la vida, viendo morir a sus amigos. Se necesita un espíritu fuerte incluso sólo para leer estas historias, porque algunas páginas son puñetazos en el estómago, son violentísimas. Y son todos hechos verdaderos. Entonces, le pregunto: ¿es difícil no añadir, no quitar, no cambiar, en resumen, la realidad?

La novela debe ser una obra original, no importa dónde esté ambientada, y no importa tampoco si esos acontecimientos han ocurrido en la realidad. Es la fuerza de las emociones humanas, son las esperanzas, los dolores, los miedos, el terror y el horror. Es esto lo que cuenta. Es esto lo que un relato épico debe transmitir.

Cuando leemos ciertas historias, por ejemplo, la profecía de Tiresias en el undécimo libro de la *Odisea*, cuando dice: «Madre, ¿por qué has descendido bajo la sombra oscura? ¿Fue una flecha de Artemisa aulladora la que te atravesó de golpe? ¿O una enfermedad que te consumió lentamente?». «No, hijo, no fue una flecha de Artemisa aulladora, fue tu deseo, hijo resplandeciente, el que me quitó la vida…». Ésta es la épica. No importa si existió un pequeño rey, de una pequeña isla de Occidente, que no quería la guerra porque tenía una esposa de quince años muy bella, prima de la más hermosa del mundo, y tenía un niño recién nacido. Odiseo no quería la guerra, pero, cuando se vio obligado a hacerla, y a ver caer continuamente a sus compañeros, la ganó. Porque fue él quien la ganó: y no importa si esto sucedió de verdad. Si este pequeño rey, que luego se perdió en el mar –que era mucho más grande que ahora para los antiguos– y cuando regresó encontró la casa invadida por jóvenes arrogantes y los exterminó, no existió en realidad, eso no importa. Es eso lo que nosotros conseguimos expresar. No se puede novelar lo que ha ocurrido, se debe construir una obra original.

Con frecuencia, usted va a las escuelas, ve a muchos jóvenes estudiantes; ¿lo escuchan cuando cuenta la Odisea *y la* Ilíada*? Yo creo que sí. Por tanto, no es verdad que estos hechos antiguos ya no sirven. Sólo son mal contados en la escuela.*

Por supuesto.

Volvamos a su Quinto mandamiento*. Del padre Angelo Pansa, alias Marco Giraldi, el protagonista de este libro, ¿qué le impresionó más? ¿Su personalidad o la historia que vivió?*

Una depende de la otra. Fue su personalidad la que hizo posibles las cosas extraordinarias que llevó a cabo.

Digamos que, además de los dramáticos acontecimientos de los que fue protagonista, hay un drama interior que emerge en cada página. Un drama que imagino le habrá impresionado mucho también a usted, suscitando muchas preguntas.

Desde luego, porque aquello que vive es un conflicto tremendo. Por un lado, el Evangelio, que pide poner la otra mejilla, amar al propio enemigo; por el otro, una situación por la cual quien asiste a una injusticia, a una tortura, a una violación en perjuicio de un inocente y se da la vuelta, es cómplice.

¿Puedo preguntarle si es creyente?

He sido educado en la religión católica, me casé por la iglesia –fue una ceremonia bellísima– y voy a misa casi todos los domingos. Pero, si usted me pregunta si todo esto que hemos aprendido de las Escrituras es cierto, no sé darle una respuesta.

¿Alguna vez ha conocido a un cura así?

Yo creo que es el único de ese tipo que yo haya conocido. Soy un estudioso y, cuando leo un texto sagrado, no puedo menos que leerlo como un texto antiguo. Lo analizo, lo viviseccciono; es más, lo «muertoseccion», debería decir, porque busco aquello que estaba detrás, abajo, en filigrana.

Pero el protagonista de su novela realiza sus acciones por un Dios vivo, no por un relato, aunque sagrado.

Sin embargo, yo no estimo que el dios de las Escrituras no esté vivo, porque ha llegado hasta nosotros sin morir.

Quizá se necesiten más testimonios como el padre Marco, que lo han dado todo y que piensan en darlo todo, incluso la vida.

Desde luego, y esto es justamente lo que hace el héroe. En el Evangelio de Juan, creo, está escrito que no hay amor más grande que dar la propia vida por los amigos.

Ahora quisiera hacerle una pregunta previsible, que ya le habrán hecho muchas veces: ¿por qué en el mundo de los intelectuales hay tanta sospecha y condescendencia respecto de la divulgación? Sus novelas están documentadas, desde todo punto de vista, pero también son divertidas; esto no significa partirse de risa, sino entrar en un mundo e identificarse, abrir horizontes que no se pensaban posibles.

Yo no hago divulgación, si quiero hacer divulgación voy a la televisión, donde debo resumir en pocos minutos conceptos que requerirían horas. Eso es divulgación, que yo prefiero llamar difusión de la cultura; porque la divulgación, aunque quizá no debería decirlo, la veo hacer a veces por personajes con los que no quisiera tener nada que ver.

Por tanto, ¿se enfada cuando dicen que usted divulga la historia?

No, no me enfado, también porque rara vez me enfado. Un libro de este género no es novelar la historia ni otra cosa. Es un libro épico, nacido para comunicar emociones, que son, por otra parte, tan necesarias como las nociones. Las nociones, los conocimientos nos dan conciencia de nosotros mismos, de aquello que ha sido antes, del motivo por el que ahora somos de cierto modo y en una cierta realidad, esto sin duda. Pero, si no tuviera emociones, ¿qué sería mi vida? Sin conocimientos no tenemos identidad, porque conocer la historia significa conocer lo que ha ocurrido antes de nosotros y darnos una identidad, y nadie puede vivir sin identidad. Pero nadie, de nuevo, puede vivir sin emociones, en la calma chicha de un día idéntico al otro. En la expresión literaria, aunque no quisiera usar una palabra demasiado grande refiriéndome a una obra mía, podemos vivir decenas de vidas paralelas, conocer personajes extraordinarios, experimentar aventuras que nuestro destino personal no nos habría nunca concedido.

Quisiera añadir algo a lo que decía antes: en el siglo v a. C., un ateniense llamado Tucídides dijo: «Olvidaos de los poetas, esos componen y declaman para deleite del auditorio. Lo que digo yo es cierto porque lo he visto con mis ojos, y si no estaba presente me he informado por personas dignas de fe».

Pero, con el debido respeto a Tucídides, que en una sola frase fijó los conceptos de autopsia y de crítica de las fuentes, si salimos ahora a la calle, paramos a cien personas y les preguntamos quién era Tucídides, quizá dos o tres lo recuerden. Pero, si preguntamos quién es Homero, el caballo de Troya, las sirenas, el cíclope, de algún modo obtenemos una respuesta, porque la aventura de Ulises es la más grande jamás contada. Y con una intensidad emotiva, de expresión que verdaderamente conmueve, te sacude hasta las raíces del cabello, te sacude el corazón.

Usted dice que el carburante para escribir es la música. En mi opinión, no sería necesaria, dadas las palabras que ha dicho hasta ahora. Pero en ese caso, ¿cuál sería una música para esta novela?

No es que la música sea el carburante. Más bien, yo he comenzado por casualidad a escribir mi primera novela, *Paladión*, con una banda sonora de fondo que tenía siempre porque me gustaba enormemente, y era de Jean-Michel Jarre. Uno de estos pasajes es *Rendez-vous*, que en una escucha más atenta es una versión completamente reelaborada, al punto de ser irreconocible, de la *Tocata y fuga en Re menor* de Bach. Es verdaderamente poderosa, y Jarre la toca en tres teclados, en un concierto en Houston (Texas), con unas imágenes proyectadas sobre los rascacielos. En aquel punto me di cuenta de que la música me aislaba de todo el resto, y, por tanto, de las imágenes, de los otros sonidos, de los ruidos, y me creaba inmediatamente el ambiente, la situación, el sabor y el color de aquello que quería representar y describir.

¿Escribir historia o escribir novelas?

Quizá Tucídides no tenga toda la razón del mundo cuando advierte sobre los poetas, como también señalaba Platón. La verdad está en los hechos, claro; pero hay verdades también en los hechos más sutiles y menos mesurables, como son las emociones. Estos hechos interiores animan a quien se pone a prueba en las historias, incluso cuando éstas están basadas en la historia.

VALERIO MASSIMO MANFREDI: Hace muchos siglos, en el íncipit de sus *Historias*, Tucídides separaba de manera irrevocable la narración de la historia: «Olvidaos de los poetas, ésos componen y declaman para deleite del auditorio. Lo que digo yo es cierto porque lo he visto con mis ojos, y si no estaba presente me he informado por personas dignas de fe».

De este modo, Tucídides introduce el concepto de crítica de las fuentes: «He examinado cuidadosamente mis fuentes antes de admitirlas en mi relación de los hechos». En resumen, Tucídides separa de manera muy clara y nítida dos formas expresivas, ambas necesarias, diría indispensables al género humano; tanto es verdad que –como digo siempre– después de veinticinco siglos, si vais por la calle y paráis a cien personas y les preguntáis quién es Tucídides, no sé cuántos os responderán correctamente; pero, si preguntáis quién es Homero, sin duda serán más numerosos.

La historia responde a una exigencia muy importante, que es aquella de la persecución de una posible verdad de los hechos ocurridos, del devenir de las vicisitudes humanas. Por tanto, apunta a la creación de una memoria más o menos común. La memoria, además, se transforma en identidad. Nadie puede vivir sin memoria, nadie puede vivir sin identidad.

El *epos* nace mucho antes: no sabemos cuándo, quizá en el momento en que un cazador neolítico contó cómo persiguió a una fiera, cómo fue herido, cómo padeció el hambre, la sed y el hielo, hasta que logró abatir a la presa y saciar y alimentar a la propia tribu. Y todos lo escuchaban arrobados, porque es una maravillosa historia.

Quien contaba se percataba de que, cuanto más ricas y fascinantes eran las vicisitudes, más grande era la atención de quien lo escuchaba, y el narrador se sentía gratificado. Estoy convencido de que esta separación absoluta, por la que escribir narrativa –que, además, hoy significa también escribir con el cine y con el teatro– exige aún más bases científicas, que son indispensables. El talento puede ser grande o pequeño, mediocre o altísimo, no importa. Pero se tiene o no se tiene. Si el talento no existe, y se quiere contar una historia, pronto la gente empezará a bostezar. Pero si una persona cuenta una historia, y ha recibido el don del talento, la gente lo escuchará con gran atención. Es un don natural, como saber pintar, saber cantar, saber afinar un motor o un violín.

ALESSANDRO BARBERO: *Has planteado varios puntos. Comencemos despejando de inmediato el terreno de un aspecto: la verdad de los acontecimientos. Puede parecer pasado de moda, para nosotros, los historiadores del siglo* XXI, *hablar de verdad. Esto, en realidad, depende sólo del hecho de que nuestras ambiciones no están satisfechas, porque un nivel de verdad de los hechos obviamente existe. Quiero decir un nivel de verdad de los hechos verificables. Sólo porque nuestros maestros y nuestros abuelos y bisabuelos han verificado más o menos todo lo verificable, nos encontramos ahora ante el problema de adentrarnos, por así decirlo, en geografías todavía inexploradas.*

De que existió la batalla de Caporetto, o la de Maratón, no hay dudas. E incluso quién ha vencido, en resumidas cuentas, a menos que se quiera –cómo decirlo– provocar a toda costa, se sabe. Y muchas otras cosas se saben. En otras palabras, una verdad de los hechos existe indiscutiblemente. No creáis nunca a quien intenta haceros creer que no es verdad. Que nosotros hoy estamos aquí reunidos en Roma a las seis de la tarde, y que estamos nosotros tres en esta mesa y todos vosotros allí, es un hecho indiscutible. Algún historiador del futuro podría muy bien quererlo negar y sostener que Manfredi a esta hora se encontraba en otra parte: en cambio, es un hecho que Manfredi está aquí. Lo que está pensando Manfredi sobre esta reunión es también un hecho, pero más difícil de verificar.

Éste es un hecho histórico. Estamos continuamente dentro de la historia.

Exactamente. Nuestra tarea es justamente «recortar» dentro de este continuum. *Pero sustancialmente la verdad de los hechos existe. Luego existe una amplísima esfera de verdad no cognoscible para nuestros límites. ¿Qué desayunaba Carlomagno? Eginardo, su biógrafo, no se preocupó de decírnoslo, nos dijo qué comía en el almuerzo: carne asada. Y también de viejo, cuando los médicos le decían que comiera más bien un cocido, Carlomagno se obstinaba en comer carne asada. Pero qué comía para desayunar no nos lo ha dicho. Aquí se revela el historiador que no se conformaba con ser historiador, y que quiere ser narrador. Yo nunca he escrito una novela sobre la Edad Media. He escrito un libro científico sobre la batalla de Lepanto y una novela gemela ambientada también en la misma época, en los mismos lugares, pero nunca he hecho una novela medieval.*

Creo que el motivo es la irritación por tantas cosas que no sé y que habría debido inventar; porque, en cambio, para hacer una novela histórica es preciso, como decía Manfredi, inventar poco, lo necesario. Es necesario, en cambio, que mucho sea verdad; también porque el lector en el fondo puede creerlo todo, pero lo que cuentas debe ser cierto también, y ante todo para ti.

La verdad existe, y la historia se ocupa de ella; lo que quiere decir constatación de hechos e hipótesis plausibles sobre cosas no seguras, pero de las que, sin embargo, nos convencemos lo mismo. Nuestro oficio de historiadores y de arqueólogos está hecho en gran parte de aquello que no está verificado, demostrado. Pero yo, como historiador, que conozco esa materia y ese tema mejor que todos, os digo que, en mi opinión, era así.

¿La historia es esto, pues? Sí. La historia, en estos términos, se puede también contar, *porque hay una belleza intrínseca en los acontecimientos, un carácter trágico intrínseco que hace que los acontecimientos se puedan contar.*

De aquí la ambigüedad del término historia *en nuestra tradición. Sabemos que* epos *quiere decir relato, mientras que* historia *quiere decir buscar, investigación, pero luego dejó casi de inmediato de querer decir esto.*

Mira, los ingleses tienen dos palabras, nosotros tenemos solo una. En inglés dicen «I'll tell you a story», te cuento una historia. Pero si hablan de la historia dicen «history».

Exactamente. Nosotros, en cambio, somos más etimológicos, no hemos utilizado este posible desdoblamiento. Para nosotros, pues, ¿qué es la historia? Cuando nuestro colega Sergio Luzzatto publica, suscitando grandes polémicas, su libro sobre la participación de Primo Levi en la Resistencia, Partigia. Una storia de la resistenza *–según algunos un libro demasiado provocador–, ¿qué quiere decir, hablando claro, una historia de la resistencia? ¿Quiere decir* history, *y por tanto historia en sentido histórico? ¿O quiere decir un episodio que yo os cuento?*

Este problema lingüístico existe desde hace mucho tiempo. Lo que cuenta, en mi opinión, es aclarar a aquellos que nos escuchan cuál es la diferencia para quien hace investigación y escribe, entre escribir una novela y escribir un libro de historia o de arqueología. Esto es lo que cuenta. La definición del objeto será siempre una empresa complejísima, y se necesita cierta complicidad por parte de todos nosotros para verificar que, por supuesto, existen los hechos; pero luego los hechos pueden ser también hechos mentales. Los hechos son las intenciones de las personas, son las opiniones, son las motivaciones. Y éstas son realidades dificilísimas de verificar. Es un concepto que, aunque parezca banal, resulta obvio para todos nosotros. Es obvio también para aquellos de nuestros colegas que son magistrados.

Los magistrados hacen un trabajo extremadamente similar al nuestro. Los he oído decir esto más de una vez, haciendo espontáneamente esta comparación. Ahora bien, basta con ver un episodio de Un giorno in pretura (*Un día en el juzgado*: programa de la RAI) *para darnos cuenta del enorme esfuerzo, en gran parte vano, que hacen los magistrados para establecer no solo si: «Aquel día salió usted de casa a las 14», sino, sobre todo: «¿Por qué salió de casa, cuando habitualmente no lo hacía?». Ahora bien, está claro que los hechos así definidos no consisten sólo en cosas que se pueden ver con los propios ojos. Y, por lo demás, ni siquiera las cosas que creemos haber visto con nuestros ojos las hemos visto de verdad. Porque la memoria se las reinventa. Así como un testigo tras otro describe delante del magistrado la misma vicisitud en términos incompatibles entre sí, nosotros los historiadores podemos hacer nuestro oficio sobre todo gracias a un hecho fundamental: ¡que para casi cualquier episodio que contamos solo hay un testigo que lo cuenta! Porque cuando hay dos, ya se acabó. En este sentido deberíamos tener la humildad de decir que la versión que para nosotros es la más segura y sólida es siempre solo una versión posible.*

Es un hecho que hay un pacto con tu lector. El pacto con tu lector, si tú estás escribiendo un libro de historia, es: «Yo creo que ocurrieron unos hechos, que unos seres humanos hicieron algunas cosas, que tenían unas ideas, unas motivaciones, y yo trato dentro de lo posible de reconstruir lo que sucedió –tanto las motivaciones de esos seres humanos como su mentalidad– sobre la base de los indicios que ellos me dieron». Si, en cambio, me considero libre de inventar, de añadir, de rellenar los vacíos, entonces el pacto con el lector es otro: «Estoy escribiendo una novela», y en ese punto el pacto es sólo escribir una buena novela, algo que uno tenga ganas de leer.

Contar quiénes somos

Cambian los nombres de los grandes que han hecho la historia, mudan los paisajes, pero la historia permanece siempre al lado, para dejarse leer y estudiar. Echar la vista atrás entonces no es una acción consoladora, sino un gesto concreto que permite leer mejor el presente. Sobre todo, cuando es complejo y huidizo.

LUCA TELESE: *Valerio Massimo Manfredi es uno de los autores italianos más leídos en el mundo, el gran narrador del mundo clásico. Polemista cáustico, enamorado perdido de Italia, de su historia y de su cultura, animado por una gran pasión cívica. Arqueólogo de nacimiento, se convirtió en colaborador habitual de* Il Giornale de Montanelli *con sus reportajes, hoy es un fino cincelador* de best-sellers*: su* Escudo de Talos *ha vendido un millón de copias. En los últimos años ha participado en siete expediciones arqueológicas.*

Comencemos por la actualidad. ¿Ha ocurrido alguna vez en la historia de la civilización algo similar a lo que está ocurriendo hoy con la pandemia?

VALERIO MASSIMO MANFREDI: A mí, la pandemia de la COVID-19 me hace pensar en la llamada peste antonina, del siglo III d. C.

¿Cómo es eso?

Deformación profesional. Fue una de las más grandes catástrofes sanitarias de la época clásica, y tiene mucho que enseñarnos.

¿Por ejemplo?

La facilidad con que podemos precipitarnos en el drama.

¿Y luego?

La dureza del golpe que una epidemia puede asestar a una civilización.

¿Qué proporciones tuvo?
Sólo Roma tenía un millón de habitantes.

No conocemos la tasa de contagio.
Pero sí el porcentaje de mortalidad: uno de cada tres, o de cada dos, no sobrevivió. Un tercio de la humanidad de entonces.

Se debate sobre las raíces de Europa, que hoy amenaza con dividirse sobre las ayudas y sobre la COVID-19.
Es para cabrearse.

¿Por qué?
Deberíamos tener más orgullo, más conciencia.

¿Por ejemplo?
No debemos acercarnos a la historia del Imperio con una sonrisa de superioridad.

¿Es decir ?
Pensamos que el mundo ha nacido hoy, aceptamos la tesis singular de que Europa ha sido unida por el euro.

¿Y no es así?
Europa fue formada, moldeada, inventada por el Imperio. Por nosotros, los italianos, y por tantos pueblos que se reconocieron en aquel proyecto.

Entiendo.
Europa tuvo su primera moneda única con el sestercio, y se convirtió en una cuando fue… conectada.

¿Conectada?

Desde la época de Augusto, todo el Imperio estaba conectado con el máximo de la tecnología que aquella civilización podía expresar.

¿Las carreteras?

No sólo eso: las comunicaciones.

¿Es decir?

Un manuscrito expedido desde Roma llegaba a César, en España, en ocho días, como un paquete en tiempos de Amazon.

¡Ja, ja, ja!

¿Parece imposible? Cada veinticinco millas había una parada. En cada parada se cambiaba el caballo, y cada dos, también el jinete. No se detenían nunca.

¿Cómo ocurría?

Con ochenta mil kilómetros de carreteras pavimentadas, el doble del Ecuador. Sufro oyendo hablar a esos tipos…

¿Quiénes?

Quienes hoy nos miran de arriba abajo; aunque no fuera más que por eso, y uso un término prosaico, deberían irse a cagar.

Expliquémosles algo.

Los llamados pueblos del norte de Europa deberían saber qué ocurrió cuando Druso fue a combatir a los germánicos.

Un jefe militar de veinticinco años.

Exacto. Miró el Rin y dijo: «¿Por qué este río dobla a la izquierda? Hagamos un canal derecho, al norte, que lleve al Zuiderzee». Para hacer el río más rápidamente navegable.

¿Y lo consiguieron?

¿Bromeas? Lo desviaron treinta y dos kilómetros para acortar el recorrido, cambiaron la historia para siempre. Eran ingenieros hidráulicos y señores de las infraestructuras cuando el resto del mundo construía en madera.

Una superpotencia tecnológica.

Piensa en los acueductos. Roma recibía un millón de metros cúbicos de agua potable al día. Piensa en las carreteras y, obviamente, en los puentes.

Que no se caían.

Muchos pueblos llamados bárbaros lucharon contra los bárbaros al lado de los romanos porque el Imperio era inclusivo.

¿Más que la Europa del coronavirus?

¡Claro! La *romanitas* no era una teoría sobre la raza, un club de optimates de la economía y tampoco un linaje: era una idea de ciudadanía universal.

Las fronteras de ese Imperio estaban lejos.

La Britania llegaba hasta el muro de Adriano. Una muralla-fortaleza de noventa kilómetros de mar a mar, en la actual Escocia.

¿Y desde el punto de vista demográfico?

Un tercio de la humanidad vivía en las fronteras del Imperio romano. La frontera alpina la constituyeron dos muchachos. Druso, de quien acabamos de hablar, y su hermano Tiberio.

Druso muere en Maguncia.

Tiberio se enteró de su enfermedad en Aquileia, partió y galopó día y noche. Llegó en nueve días y se encontró a todas las legiones alineadas para rendirle los honores.

La primera ceremonia de Eurovisión de la historia.

Exacto. ¡Nosotros somos Europa! Su corazón es Italia.

¿Por qué me hablaba de la peste antonina?

Para muchos estudiosos fue uno de los factores que aceleraron la decadencia de Roma.

En el momento de máximo esplendor.

Exacto. En la Roma deslumbrante de Marco Aurelio, la peste llega con los soldados que regresan triunfadores de la guerra contra los partos. ¡Con los veteranos de Irak!

Ésa es la analogía: la COVID golpea al mundo de la riqueza y de la globalización en su momento más alto.

Tal cual. En el 169 murió el emperador Lucio Vero. Y la segunda oleada se presentó después de nueve años.

Pero se reveló al mundo un gran científico.

¡Galeno, que la describió! Y después de ese flagelo cambió el paradigma de todo el planeta.

Se dijo: italianos propagadores de la plaga.

Estupideces, prejuicios, lugares comunes.

Nos ven como un estorbo.

Desde el Imperio hemos regalado a Occidente la civilización y el concepto de vida que inspira el humanismo. Después del año 1000, desde Italia se reaviva, se irradia la luz, con nuevos valores y nuevas esperanzas.

También en los siglos oscuros.

Teodorico, cuando se dio cuenta de que no era posible reunir a romanos y bárbaros, construyó en Calabria el *Vivarium*.

Un gran convento.

Para un proyecto visionario. Se recogieron y copiaron todos los textos de todos los libros importantes, una especie de *back-up* de la civilización. Desde allí expidió amanuenses y códices a toda Europa y puso los saberes en red.

¿Qué hemos descubierto, a pesar del dolor?

La solidaridad. Si hubiera sido enfermero, habría corrido a Bérgamo como voluntario, como hice de muchacho en Friuli.

¿Con quién?

Con un grupo de jóvenes, a los dieciocho años.

¿Y dónde fuisteis?

A Gemona, entre los pueblos aniquilados por el terremoto: la A1 bloqueada por los coches de quienes iban a ayudar. Escalofríos.

¿Volvió a ocurrirle?

En 1980 fuimos con un Land Rover a Irpinia. Estábamos de vuelta de la excavación *Anábasis*. Pasábamos la noche en sacos de dormir en el suelo, en Torella dei Lombardi, Avellino.

¿Para hacer qué?

Recomponíamos en un patio todo el frente de una iglesia. Piedra a piedra, con las manos.

¿Solos?

Solos. Al principio, los alpinos de la Julia nos miraban: ¿quiénes son estos «profesorzuelos»? ¿Qué quieren?

¿Y luego?

Nos vieron con las piedras y nos invitaron a cenar.

Un reclutamiento.

Al día siguiente nos dieron también una excavadora para terminar. La grandeza de un pueblo.

¿Y después de la iglesia?

Recogimos todas las estatuas de madera.

¿Santos y vírgenes?

Exacto. Los llevamos a una pequeña iglesia derruida que milagrosamente había quedado en pie.

¿Y qué ocurrió?

Se corrió la voz. Una tarde, cuando nos estábamos marchando, llegó una viejecita.

¿Y qué quería?

Con lágrimas en los ojos, decía: «Por favor, por favor...». Buscaba a su santa.

¿Y estaba?

¡Oh, sí! Le abrí, ella corrió. Se arrodilló, sollozando. Luego vino incluso a besarme la mano.

Me vienen a la mente los ataúdes de Bérgamo.

Fue terrible renunciar a los funerales. Cuando desde la primaria tus profesores te hacen entender quiénes somos, debes salvar incluso vírgenes y lápidas.

¿Por qué?

Esto es lo que somos, la civilización grecorromana, enraizada en la historia del cristianismo, nuestras raíces.

Lo veo conmovido.

Vuelvo a Marco Aurelio. Me recuerda un eslogan de 1968: los intelectuales al poder. Debes entender, tener un proyecto. Una visión. Él la tenía.

Hoy nos falta.

En efecto, temo egoísmos y sentimientos miserables.

¿Por ejemplo?

Una vez, con algunos amigos productores cinematográficos, comíamos en el Pantheon. Y allí lo reencontré.

¿Qué?

Este pensamiento. Teníamos un amigo en la FAO, de un pequeño país del norte de Europa.

¿Y qué le dijo?

Era 2012. Todo el mundo se reía de Berlusconi, y el señor se permitió decirme: «¡Eh, italiano, bunga bunga!».

¿Y usted?

Le pedí que lo dejara. Prosiguió. Me enfurecí.

No lo imaginaba así.

«No me agrada, nunca le he votado, pero es mi primer ministro», dije. Aún pienso así. Nunca he permitido que nadie, en el mundo, se riera de él. Nunca.

¿Cómo acabó el duelo?

Me levanté, señalé la inscripción latina en el Pantheon: «¿La ves? *Marcus Agrippa L.F. fecit*. Esto somos nosotros. Vosotros tenéis los renos y a Papá Noel».

Sublime.

Te hablaba de Galeno. Alguien con cualidades, alguien que fundó una escuela, tanto que aún hoy se habla de preparados galénicos. ¿Sabes que Pericles se enfermó de peste porque conscientemente se dejó caer sobre el cuerpo de su hijo muerto? Aquí nace el humanismo, su raíz.

¿Y luego?

Ve a ver el muro de Adriano apenas puedas. Descubrirás que, cada tantos kilómetros, los romanos tenían un hospital.

Más camas que nosotros.

¡Uh! Con condiciones higiénicas extraordinarias, ¡y cirugía! Y cartas de los soldados convalecientes en Escocia a sus padres.

¿Qué decían?

Recuerdo una: «Papá, aquí hace un frío del demonio, ¿me puedes transferir a la Marina?». ¡Ja ja, ja!

Protoenchufes.

Había muchos. Pero usaban como bálsamo la tierra de los pantanos, la misma que ha conservado como si estuviera bajo formalina la cabeza de un decapitado en Copenhague.

Increíble.

La historia está menos alejada de lo que imaginamos, sobre todo en estos días.

¿Lectura de cuarentena?

He vuelto al *Bellum Iudaicum,* de Flavio Josefo.

¿Quién era?

Un judío, romanizado y asimilado por Tito. Desde que Pompeyo ocupó Palestina, allí hubo prefectos y gobernadores. Pero siempre guerrilla.

¿También antes de Cristo?

¡Claro! La tierra prometida había sido dada por Dios al pueblo elegido, y para un palestino pagar impuestos al emperador era una blasfemia.

Se entiende.

¿Sabes que la palabra sicario viene de *sica*, es decir, puñal? Era mejor llegar a un acuerdo, pero Roma no quería ni hablar de ello. Siete jefes rebeldes antes de Cristo se proclamaron mesías y, por tanto, reyes.

Sin éxito.

¿Y sabes que los ladrones que estaban junto a Cristo no eran ladrones?

¿No?

Roma los definía así porque saqueaban las casas de los colaboracionistas del Imperio.

Una guerra sucia, diríamos hoy.

El primero de los resistentes se llamaba Judas de Galilea. Había cometido tantas masacres que los romanos reaccionaron con dos mil crucifixiones.

¿Por qué el Imperio, tan generoso con los pueblos aliados, encuentra su Vietnam en Palestina?

Temía a los partos. Palestina era el último diafragma que separaba los dos Imperios. Si hubiera caído, los partos habrían llegado al mar y Roma habría perdido África, el Mediterráneo.

Entiendo. Ganas una guerra decisiva, pero luego la peste arrasa con todo.

Exacto. ¿Sabes que también la peste manzoniana llegó de un lansquenete?

Es decir, un alemán.

Otro recurso histórico de la COVID-19. También en Piumazzo, donde vivo, murieron uno de cinco. Ciento setenta y cinco muertos.

Hemos partido de Marco Aurelio, hemos pasado por el muro de Adriano, el humanismo, la peste manzoniana, los terremotos, las nuevas epidemias.

Lo sé, es una historia terrible: sangre, muerte, violencia y horror. Luego se enciende la chispa y todo vuelve a empezar.

¿También después de esta terrible crisis económica?

Si no olvidamos quiénes somos, sí. Lo sé, porque soy arqueólogo. Mi oficio es ése: contar quiénes somos, de dónde venimos. Y, sobre todo, qué podemos crear.

Todos los caminos conducen a la historia

De las paredes cerradas de una biblioteca a la topografía, del estudio en solitario a los viajes y a las excavaciones con colegas y muchachos. La historia individual es siempre investigación, y puede encontrar la historia, reconstruyendo o imaginando recorridos que el tiempo y el hombre parecen haber borrado para siempre.

ERNESTO FERRERO: *Comencemos por las notas biográficas: Manfredi nació en Piumazzo di Castelfranco Emilia, provincia de Módena. Doctorado en topografía del mundo antiguo, arqueólogo que ha dirigido numerosas campañas de excavación en varios sitios del Mediterráneo. Docente en numerosas universidades italianas y extranjeras, con la correspondiente producción de ensayos y artículos científicos. Escritor, más exactamente narrador, autor de quince novelas, pero también guionista, periodista, conductor de afortunados programas de televisión como* Stargate, Linea di confine *e* Impero. *De sus libros citaré solo la trilogía de* Alexandros, *que ha sido traducida a treinta y nueve lenguas, con cerca de tres millones de copias vendidas. Pero éste será un dato atrasado, ahora serán muchas más. Precisamente, estos días sale el segundo capítulo de la trilogía dedicada a Ulises,* Il mio nome è nessuno. Il ritorno. *El regreso por excelencia, naturalmente, es el de Ulises, o más precisamente Odiseo, a Ítaca: regreso que concluye provisionalmente con el exterminio de los próceres –hoy se diría de la casta– que, por supuesto, no concluye la historia de este hombre programáticamente inquieto. Es más, abre un tercer y último ciclo de aventuras que leeremos, espero, en el curso de 2014.*

Al principio, pues, está el arqueólogo que va por el mundo, buscando desvelar misterios y adquirir materiales, pruebas y documentos. Nosotros tenemos, del arqueólogo, una imagen muy simplificada y, si queréis, un poco infantil; nos lo figuramos como una especie de Indiana Jones aventurero y acaso con una pistola, que siempre consigue huir de las emboscadas de los malhechores, todos rigurosamente árabes. Pero ¿cómo es, en cambio, este trabajo en la vida cotidiana? ¿Por qué te fascinó?

VALERIO MASSIMO MANFREDI: Yo, a mi manera, fui arrestado tres veces, además de detenido por varios ejércitos, por grupos terroristas. Una vez fui retenido por el ejército turco durante doce horas, mientras realizaba tareas de reconocimiento cerca de la frontera Siria. Dado que no había móviles, podéis imaginar a mis amigos que me esperaban en una hora para volver a partir; estaban enloquecidos. Por tanto, no significa que no haya una faceta aventurera.

Por supuesto, están también los que se pasan la vida catalogando los sellos de ladrillo impresos en el cuello de las ánforas. Hay muchas maneras de ser arqueólogo. Yo elegí la topografía del mundo antiguo porque implicaba una presencia sobre el terreno. Y, teniendo que elegir el terreno, preferí lugares que de algún modo ya me habían fascinado: Oriente, África de Norte y el mar Rojo, que descubrí cuando era muy joven, estudiante. Primero en *autostop*, con un amigo mío; luego al año siguiente con un grupo de amigos, que aún lo son, y con los cuales nos vemos y continuamos viajando.

Fue precisamente la vista de esos lugares en medio del desierto, de los restos de estas grandiosas civilizaciones los que me sugestionaron. Obviamente, la arqueología hoy es una disciplina científica. Los tiempos de la arqueología heroica son los de Augusto Marietti, el fundador del Museo Egipcio de Turín que, pistola en mano, asaltó una falúa cargada de objetos provenientes del saqueo de tumbas, tiró al río a los ocupantes y salvó estos objetos llevándoselos y constituyendo el Museo Egipcio. La arqueología heroica está muy cerca, en efecto, de Indiana Jones.

Pero ¿esto es lo que te fascinaba de joven?

Desde un cierto punto de vista, sí. Estuve seis años en un internado: esta condición claustral era verdaderamente opresiva, aunque también formativa en otros aspectos, por lo que mi único modo de evadirme era la biblioteca.

Teníamos una biblioteca de veinticinco mil libros y leí toneladas de ellos. Naturalmente, toda la aventura, por tanto, Julio Verne, Salgari, Luigi Motta, Stevenson, todos los grandes clásicos, James Fenimore Cooper, y a menudo leía la *opera omnia*. Luego descubrí los poemas homéricos, en particular, la *Odisea*. Al descubrir los poemas homéricos, organicé dos ejércitos, el griego y el troyano, y entonces había un armero muy solicitado, aún me acuerdo, se llamaba Fausto Terrieri y era el más popular porque sabía hacer lanzas, escudos, espadas y yelmos. El rector estaba desesperado, convocó a mis padres. En resumen, cuando descubrí la *Odisea*, su protagonista se convirtió en mi héroe.

Odiseo es el personaje literario más afortunado de todos los tiempos y de toda la literatura universal. Después de Homero viene Eugamón de Cirene, que escribe una *Telegonía*, un poema en que narra las vicisitudes de Ulises, que partía de Ítaca después de haber matado a los pretendientes de Penélope. Y luego los grandes trágicos, y Licofrón, llamado incluso el Ezra Pound de la antigüedad, que escribe ese fantástico poema críptico, difícil y arduo, en que Odiseo es una figura negativa, pintado como un ser despreciable, que usa la inteligencia para prevalecer sobre hombres que valen más que él. Y luego están Virgilio, Dante Alighieri, Tennyson, Giovanni Pascoli, Constantino Kavafis, James Joyce y Jorge Luis Borges. Es increíble la fortuna de este personaje, pero ¿por qué? Porque en él podemos reflejarnos todos. Él es todos y nadie.

¿Qué hace exactamente un topógrafo?

Un topógrafo del mundo antiguo es un especialista en el campo de la arqueología, y su tarea es recrear el ambiente y el paisaje de una cierta época de la antigüedad. También puede ser un urbanista: en ese caso, se ocupa del reticulado urbano de las ciudades. O bien puede ser alguien como yo, que se dedica sobre todo a las grandes vías de comunicación, a las expediciones militares, a las exploraciones oceánicas y marítimas y, por tanto, traza las rutas o las reconstruye. Precisamente en estos días ha salido un libro que os aconsejo leer, de Lucio Russo, que es un hombre extraordinario, porque es muy raro que un hombre combine una cultura de lógico matemático, como es él, con un conocimiento de las fuentes clásicas en lengua original absolutamente extraordinaria. Russo ha escrito *La revolución olvidada*, en que demuestra que el mundo helenístico, el mundo de la Gran Biblioteca, el mundo del museo, era un perpetuo *brainstorming*, como dicen los anglosajones: una tempestad cerebral en la que los más grandes científicos de aquel tiempo se reunían y discutían. Pensad que habían medido la circunferencia de la Tierra con un error de un kilómetro y medio; habían intentado medir la distancia entre la Tierra y la Luna; y sabían perfectamente que la Tierra era redonda, y habían construido un planetario con el Sol en el centro y los planetas que giraban en torno a él; habían realizado la mayor nave jamás vista. Fue preciso esperar a la *Victory* de lord Nelson para verla superada. Habían realizado la más grande estatua que hubiera sido nunca construida; el faro de Alejandría, que tenía espejos parabólicos, disparaba un brazo de luz en la noche hasta cuarenta-cincuenta kilómetros de distancia.

Después de haber escrito *La revolución olvidada*, Lucio ha publicado en estos días *La América olvidada*, donde demuestra que Tolomeo había empequeñecido el mundo por un error garrafal y que las Islas Afortunadas identificadas por Tolomeo y por tantos otros con las Canarias, en realidad, eran las Antillas. Y me ha citado varias veces, porque yo en un librito que publiqué en L'Erma de Bretschneider en 1990 escribí: «Si la descripción de las Islas Afortunadas, en vez de a Madeira o a las Canarias, la adaptásemos a las Antillas, sería perfecta».

Ésa fue precisamente una de mis exploraciones. Fui varias veces a las Canarias, a las Azores, a Cádiz, a Mogador y a las islas de Cabo Verde. Por tanto, como veis, trabajar sobre el terreno es una experiencia absolutamente extraordinaria. Cuento sólo un episodio: he reconstruido de principio a fin la marcha de los Diez Mil. Es una expedición militar que ocurrió del 401 al 399 a. C., una marcha de trece mil mercenarios griegos a sueldo de un príncipe persa que quería destronar a su hermano, que era el emperador. Ciro murió en combate, y los trece mil mercenarios, reducidos a diez mil, decidieron volver a casa. Con ellos viajaba un joven intelectual que durante una guerra civil se había puesto del lado equivocado y había partido a la aventura. Se llamaba Xenophon, Jenofonte, y escribió una historia que se llama *Anábasis. La expedición hacia el interior*, que luego hizo de modelo para Alejandro. Pues bien, yo, reconstruyendo este itinerario paso a paso en tres expediciones sucesivas, recorriendo más de catorce mil kilómetros, tomando más de seis mil fotografías, haciendo más de setecientos estudios altimétricos, me encontré un día, es más, una noche, con que llegábamos –estaba oscuro– a una zona tan desfavorecida y montañosa que no se hallaba espacio para aparcar los vehículos y plantar las tiendas. Yo seguía diciendo: «Detengámonos, durmamos en el coche. Debo ver el paisaje». No había acabado de hablar cuando el valle se ensanchó y encontramos sitio. Me desperté muy temprano a la mañana siguiente, y uno de mis amigos ya estaba preparando el café. Miré a mi alrededor. No sabía que había llegado a un determinado lugar, y dije: «Oye, ven aquí, ¿ves aquella línea de colinas que está allí, a quinientos metros? Ve allá arriba, del otro lado deberías ver un río. Síguelo unos cuatrocientos metros y deberías ver, abajo, una gruta que se abre en una especie de promontorio que se extiende hacia el interior. Debería haber un vado. Si ves todo esto, vuelve aquí a contármelo». Él volvió y me dijo: «Pero ¿ya habías estado aquí?». «No, está escrito aquí, mira». Correspondía todo a la perfección. En la *Anábasis,* aquélla no era la descripción de un lugar, sino de un acontecimiento, de un hecho ambientado en aquel lugar. La ambientación era tan perfecta que después de veintitrés siglos la mente del escritor –reducida a polvo, por así decirlo, por todo aquel tiempo– aún estaba en condiciones de guiarme perfectamente a través de un territorio que había permanecido inalterable.

Al igual que cuando, junto con un colega británico, localizamos el Trofeo de los Diez Mil: una montaña de piedras elevada por aquellos indomables mercenarios para celebrar su victoria sobre las traiciones, los ejércitos, el frío, el hambre y las heridas. Está aún allí; y desde allí se ve el mar, como justamente cuenta Jenofonte.

Está claro que la topografía puede ser también algo mucho más tranquilo. Pero cada uno es como es, también un estudioso tiene derecho a elegir el modo de enriquecer los propios conocimientos.

En cambio, permaneciendo en el campo topográfico, la atribución de los lugares de la Odisea *es muy complicada y muy discutida, incluso hemos llegado al Báltico, lo que francamente me parece una locura.*

Sí, esta historia del Báltico me ha perseguido por doquier. Es un señor que ha escrito un libro –un ingeniero, creo– en que sostiene que la *Ilíada*, la guerra de Troya ocurrió en el Báltico. Yo no comparto una palabra. La verdad es que el itinerario de la *Odisea* se ha perdido, se supone que se desarrollaba entre el mar Negro y el Egeo, luego, a medida que los griegos se desplazaban hacia Occidente y exploraban otros mares, ambientaban cada vez más al oeste las aventuras de su héroe. Porque esos mares desconocidos se hacían más familiares. Y así es como los marineros y los colonos eubeos llegaban al Tirreno. Pensad, la primera colonia griega de Occidente fue Isquia. Si tenéis ocasión de ir a Isquia, cerca del hotel Regina Isabella hay un pequeño museo: no os lo perdáis, es una joya. Hay fragmentos de vasijas antiquísimas, y en uno de ellos se ve una escena de naufragio donde hay un barco volcado, están todos los cuerpos de los ahogados que flotan y hay un pez enorme que aferra, dentro de las fauces, la cabeza de uno de estos desgraciados. Esto os da la idea de lo arriesgada que era esta empresa. Pues bien, estos griegos reubican en los propios lugares la aventura del héroe. Por lo que los Campos Flégreos son el lugar de la evocación de los muertos, el Circeo es la isla de Circe, Escila y Caribdis son los extremos del estrecho de Mesina, la isla del Cíclope está en la Sicilia occidental y la tierra de los lotófagos en el norte de África. En resumen, reubicaron las aventuras del héroe en las rutas y en los lugares que ellos mismos recorrían.

Por tanto, ¿el poema es una reescritura continua?

Digamos que Homero es un poeta oral, la poesía de Homero es poesía oral. ¿Qué era un poeta oral? Era un hombre que aprendía de memoria algo dicho y luego lo recitaba, como hace nuestro Roberto Benigni nacional, que recita de memoria todo Dante Alighieri. Pero Dante ya está escrito; mientras que éstos conocían el *corpus* de toda la aventura. Pensad que en torno al ciclo troyano había nada menos que unos quince poemas por un total, se estima, de ciento cincuenta mil versos. De toda esta mole inmensa se perdió la mayor parte: han sobrevivido los dos poemas homéricos.

¿Qué hacía el poeta oral? Conocía la materia, pero componía cada vez en directo, improvisaba golpeando con el pie, ayudándose en el canto con fórmulas fijas que le daban el tiempo de programar el verso siguiente. Pensad que en los años veinte dos estudiosos estadounidenses fueron por los Balcanes con un carro arrastrado por mulas, sobre el cual había una máquina enorme, que ahora entra en el bolsillo de la chaqueta: el magnetófono. Con esto registraban a los poetas orales, que aún existían. En una noche de invierno, un poeta serbobosnio compuso en directo un poema de trece mil versos, y estos dos estudiosos descubrieron que la estructura era igual a la de los poemas homéricos, aunque admitieron con cierta desilusión: «Nunca hemos encontrado un Homero». He aquí, el poeta oral es esto. Podéis, por tanto, imaginar cómo esta materia ha sido reprogramada, transformada, dilatada, distorsionada de mil maneras posibles e imaginables.

Ahora bien, si quisiéramos pensar: «¿Existió Odiseo, el héroe de mente compleja, de mente colorida, el paciente, el astuto, el indomable?». Yo pienso que sí. Pero la pregunta es: ¿qué pudo haber desencadenado esta maravillosa aventura?

Podríamos decir: un pequeño rey de las islas occidentales parte para la guerra, al regreso se pierde, cuando vuelve después de tantos años encuentra su casa ocupada militarmente por unos hombres arrogantes que asedian a su esposa y devoran sus víveres. Y comete una masacre. Esto probablemente podría haber sido lo que ocurrió. En un momento dado, de este magma enorme partió un meteorito que nosotros llamamos Homero y que atravesó como una cuchilla treinta siglos de historia, llegando hasta nosotros. Pero pensad que aún en tiempos de Virgilio, en el siglo I, cualquiera que viviera en una ciudad dotada de una buena biblioteca podía consultar los poemas de este ciclo. En el segundo libro de la *Eneida*, muchos de vosotros quizá lo recordaréis, Eneas y los suyos son arrojados sobre una playa africana. Hay una reina bellísima que viene de Tiro, que ha llegado para fundar una ciudad, y los aloja. Ve triste a este joven héroe y dice: «Cuéntanos la noche de la masacre de Troya»; y él no quiere, pone reparos, dice: «Tú quieres que yo reviva un dolor indecible, oh, reina».

Pero luego Eneas se decide a narrar porque debe corresponder al don de la hospitalidad, porque del huésped se esperan historias maravillosas. Y entonces cuenta la noche tremenda de la masacre, del engaño, de la matanza. ¿Qué es ese relato? El segundo libro de la *Eneida* es el resumen de todo un poema que se llamaba *Iliou persis*, que quiere decir «la destrucción de Troya». Había también uno que se llamaba *Etiópida*, ¿y es citado por quién? Por un personaje de la *Ilíada* y de la *Odisea*, el rey Néstor de Pilos. Cuando Telémaco parte en busca de su padre, se detiene donde el viejo y buen rey Néstor, que lo quiere mucho y le dice: «Pero yo vivo en una situación terrible, mi casa está invadida, mi padre no regresa, yo debo tragarme humillaciones cada día», y Néstor dice: «¿Qué debería decir yo, que he visto a mi hijo caer ante mis ojos bajo los golpes de Memnón?». Pero ¿quién era Memnón? Era el jefe de un ejército de negros africanos, que habían llegado como aliados de Príamo. Pensad, debió de ser una especie de guerra mundial. Los etíopes, es decir, negros: un ejército de negros africanos. Aquel trozo de África que se conocía entonces era concebido como una sola cosa con Asia: por tanto, la guerra de Troya era un enfrentamiento entre el este y el sur del Mediterráneo, contra todo el resto, el oeste.

Hay que preguntarse: ¿qué tenía esta guerra, entre las miles y miles de innumerables guerras pequeñas y grandes combatidas por nuestra estirpe humana, como para merecer la obra de muchísimos poetas de corte y de calle? ¿Hasta crear una mole tan imponente, un magma inmenso?

Yo pienso esto. Mirad, esta galaxia de pequeños reyes aqueos, en el continente, se regía gracias a un sofisticado sistema diplomático, hecho de alianzas, de matrimonios y de hospitalidades recíprocas: pero sobre todo del hábito de participar en una empresa todos juntos. Podía ser una batida de caza de un animal tremendo, el jabalí de Calidón: en ella participan todos, uno es dejado fuera, el abuelo de Odiseo, porque es un bastardo, un mentiroso, un saqueador, un ladrón, y es quien enseñará el oficio a su nieto. O bien imaginad la caza de un tesoro inimaginable, el Vellocino de Oro: cincuenta reyes se sientan a los remos para empujar la primera nave que se haya jamás construido, obtenida de un solo pino del monte Ossa.

Bien, la guerra de Troya fue probablemente la última gran empresa de un mundo moribundo. Y es por eso, gracias a la voz del poeta, que un puñado de barones micenos al asedio de una fortaleza de los estrechos fue transformado en una reunión de gigantes. Y desde entonces la mente de Ulises y el brazo de Aquiles se han convertido en parte de nuestro modo de ser humanos.

¿Te ha ocurrido alguna vez de encontrar cosas que no buscabas?

Sí, alguna vez ha ocurrido. En el sentido de que uno puede llegar por una cosa y acaba encontrando otra. Yo estaba una vez en el desierto del Negev, en Israel, y el director de nuestra misión me hizo el encargo de ir a excavar un túmulo, que estaba sobre una montaña.

Ese lugar es el infierno. Pensad que tiene una variación térmica de cuarenta grados centígrados en el arco de veinticuatro horas.Y en la cima de aquella montaña se tiene bajo los pies sílice negro, por lo que se vuelve incandescente bajo el sol y no hay una brizna de hierba y el sol golpea a pico. Ahora bien, él me dice: «Mira, en mi opinión, es una tumba importante; por tanto, excava tú».Y subí con mis colaboradores. Este túmulo tenía una forma sustancialmente cónica, y lo excavé a gajos para no demolerlo completamente y llegar al corazón del monumento y ver qué era. En un momento dado, vi una piedra laminada blanca, la única en un radio de kilómetros. Cabe decir que nuestro jefe estimaba que aquella montaña, que hoy se llama Har Karkom, era el verdadero monte Sinaí de la Biblia. No estaría, por tanto, al fondo de la península, donde no hay nada, no hay agua, sólo una montaña muy alta, sino en el norte de la península, donde estábamos nosotros.

Cuando llegué al corazón de este monumento, vi esta piedra laminada. El jefe dijo: «Mira, seguramente esta cubre la cista de los huesos», y yo dije: «No creo, a mí no me lo parece», y proseguí hasta que liberé esta piedra blanca, la apoyé en el suelo y continué excavando hasta la roca viva. No había absolutamente nada, solo estaba el centro del monumento. ¿Por qué una piedra laminada? Apoyada en el suelo tenía la forma de la luna, y era la única piedra de color blanco. Ahora el dios Luna en todo el antiguo Oriente se llama Sin; que, mira qué casualidad, es la raíz de Sinaí, el nombre de la montaña de Dios.

Puede ocurrir también esto. Sólo una piedra. Pero una piedra que hablaba.

En un momento dado, más o menos a mediados de los años ochenta, del arqueólogo y estudioso aparece el escritor. ¿Cómo fue exactamente?

Fue absolutamente casual. A los veinte años, como creo que todos nosotros, también yo compré un paquete de hojas y comencé a escribir. Hace dos o tres años, cuando estaba ordenando mis archivos en la casa nueva, encontré esta carpeta con la inscripción: «Intentos literarios», y había estas doce páginas que luego, después de tantos años, se convirtieron en una novela titulada *Otel Bruni*. Estaba confundido y me dije: «Esto no es mi trabajo, no va conmigo».

Sucedió que en los años ochenta yo colaboraba con un editor de Bolonia, y este editor era la señora Vittoria Viscardi, hoy señora Panebianco, la esposa de Angelo Panebianco, conocido editor del *Corriere della Sera*. Ella, sabiendo que yo trabajaba ya en el Instituto de Historia Antigua y de Arqueología de la Universidad de Bolonia, me dijo: «Queremos hacer una colección de narrativa original», porque en esa época solo imprimían viejos clásicos. «¿Por qué no haces una buena historia ambientada en la antigüedad?». Y yo dije: «Verdaderamente no sé si soy capaz, nunca lo había pensado». Ella: «Inténtalo. Mira si te viene una idea, luego vemos, lo hablamos juntos».

Fui a casa, cogí del estante a Heródoto, lo abrí, obviamente se abrió donde lo había abierto la última vez, por otros motivos, y desde allí seguí leyendo. E hice un descubrimiento que entonces no conocía, que los trecientos de las Termópilas no eran trescientos, sino doscientos noventa y ocho. Dos se habían salvado por motivos que era difícil comprender. Y dije: «Vaya, mira tú, no lo sabía, dos se salvaron. ¿Cómo fue posible?». Uno luego se suicidó, el otro reapareció en el campo de batalla de Platea y se lanzó solo contra los enemigos, inmolándose, pero rescatando su honor. Y allí nació una buena historia. Comencé a tomarle el gusto a contar. Hasta que el editor me detuvo drásticamente, porque los libros que publicarían no podían tener más de ciento cincuenta páginas. En aquel punto, yo encontré un final; y luego, cuando el libro salió, la gente me preguntaba: «Perdone, pero ¿cómo termina?». Yo decía: «Bueno, habrá una continuación», porque no sabía qué decir. Pero esta experiencia me hizo entender que estaba en condiciones de crear historias, y que también me gustaba mucho.

En aquel momento estaba en una excavación en Lavinium con mis estudiantes de la Universidad Católica y, dado que nos encontrábamos frente a un enigma difícil de resolver, relativo a un gran descubrimiento arqueológico hecho por mis colegas romanos, se me ocurrió una idea que me parecía brillante, pero que no era posible demostrar. Me dije: «Pero en una obra literaria podría funcionar, allí es lícito inventar o no estar siempre obligados a la carga de la prueba, porque ésa no es la tarea de la expresión literaria». Por lo que publiqué mi primera novela con un editor auténticamente de narrativa como Mondadori. Después reedité también el anterior, una vez terminado y completado, y se convirtió en uno de mis libros de mayor éxito. Pensad que ha tenido ya cincuenta y dos ediciones, y cada año vende entre cuarenta mil y cincuenta mil copias ininterrumpidamente: ha superado el millón y medio. Se llama *El escudo de Talos*. Y en él se basó una película, producida por New Image e Italian International Film, rodada creo que en Bulgaria.

Quince novelas, millones de copias vendidas. Pero ¿cuál es la receta para construir estas novelas? O, en otras palabras, ¿cómo nacen las historias? ¿Leyendo a Heródoto? ¿O de algún otro modo?

Yo diría siempre casualmente, mientras conduzco, mientras me afeito, mientras hablo con los amigos, mientras recuerdo un momento de mi pasado, o historias que me han contado. Es del todo casual.

Lo que busco es siempre una gran historia. A veces puede ser una historia que ya conocemos, pero que tiene un motivo aún no desarrollado. Los poetas orales, que estaban obligados por su mismo oficio a avanzar por picos narrativos, no descendían nunca a los valles entre un pico y el otro porque no tenían tiempo y debían mantener firme la atención de su auditorio. Entre un pico y el otro está la ira de Dios, hay tesoros; no por casualidad el mismo Virgilio decía: «Yo he recogido las sobras caídas de la mesa de Homero». ¿Os habéis preguntado qué fin ha tenido la tela de Penélope? No lo sabemos. El poeta, después de haber creado un *topos* que está aún muy vivo, lo tira, porque no le interesa, ya no le sirve. ¿Qué fin tuvo el tesoro de los feacios? El poeta crea este deslumbramiento cegador de cosas preciosas, maravillosas, y luego lo olvida. ¿Entendéis? Basta tomar un tema y puedes hacer con él lo que quieras.

Dicen, o sea, lo dices tú, que cuando debes escribir una escena eliges una banda sonora adecuada para cargarte. ¿Es así?

Sí. En los años ochenta, en mi primera novela, *Paladión*. En aquel momento estaba enamorado de la melodía de un compositor francés que se llama Jean-Michel Jarre, y así me acostumbré tanto a escribir con una música que potenciase mi emoción que ya no podía prescindir de ella. Un día conocí a una muchacha, que es un genio del ordenador, y le conté mi exigencia, ella me dijo que le dejara oír a qué me refería, y yo lo hice. Luego empezó a hacerme recopilaciones que son una especie de bandas sonoras de mi historia.

El episodio más extraordinario ocurrió cuando me retiré a la montaña, en casa de un amigo, en una especie de yermo, un lugar maravilloso, todo de roca a mil doscientos metros de altura. Me había retirado allí para acabar mi *Alejandro*, porque tenía una fecha de entrega férrea y me desesperaba no poderla cumplir, y en cambio había llegado al final. Llega este amigo mío, el dueño de casa, y me dice: «Venga, hagamos un descanso, he hecho un vídeo de Dominique Lapierre, en la India». Me hace ver el vídeo y yo digo: «¿Qué es la música que hay debajo?», y él me responde: «No lo sé, la ha puesto el estudio de grabación». «Necesito esa música para escribir el epílogo; porque Alejandro no puede morir así, necesita un epílogo». Al día siguiente se informó, mandó un taxi a Milán para buscar el disco en una tienda, me lo envío con un leñador, y yo a la una de la mañana del 4 de octubre –es el cumpleaños de mi mujer– de 1998 estaba allí solo, había terminado y me quedaba sólo el epílogo. Di la vuelta a toda la montaña por este sendero, sostenido por un murete de piedra, construido por este amigo mío, como paseo de meditación. Sólo se oía el río allá abajo, no lo veía. Había luna y un cielo limpísimo, me oxigené bien. Entré, puse esa música y comencé a escribir de un tirón, sin detenerme.

Así se publicó la historia, sin cambiar una coma. Acababa de terminar, cuando entró él y me preguntó: «¿Qué te pasa?». Respondí: «Bueno, he terminado». «Ah, ¿esta vez has acabado en serio?». «Sí, ¿quieres oírlo?». Y él me dijo: «Espera». Puso la cámara sobre el caballete y luego concluyó: «¡Venga!». Yo comencé a leer, y luego puse esta melodía, y mi amigo, que es un reportero de primera línea, alguien que ha visto guerras, torturas, masacres, ha visto un campo de batalla con cuarenta mil cadáveres entre Etiopia y Eritrea, por tanto, no es alguien que se conmueva fácilmente, cuando levanté la mirada, vi que tenía lágrimas en los ojos.

Ya no consigo escribir sin mi música. O lo lograría, pero no sería lo mismo.

Quizás en este punto también el lector debería tener ese disco, esa melodía.

Pero lo hice. Una vez dije: «Mira, léete esto, en la línea tal pon esta música y entenderás y sentirás qué es. Parece que la música haya nacido para las palabras, y que las palabras hayan nacido para la música»; en realidad, las puse juntas yo y de manera totalmente casual. La banda sonora era el *Adagio para cuerdas,* de Samuel Barber.

Lo buscaremos. A propósito de Alejandro, ¿tienes otro personaje que te sea muy querido? Se recuerda una conversación tuya con Fidel Castro, antiimperialista por excelencia, pero gran admirador de Alejandro. ¿Qué os dijisteis?

Comenzamos a hablar a las once de la noche y terminamos a las ocho de la mañana. Más que nada, él continuaba haciéndome preguntas, era insaciable. Estaba muy fascinado sobre todo por los aspectos técnicos: porque era un combatiente, y, por tanto, quería ver cómo el antiguo combatiente se movía en el campo de batalla. Recuerdo la segunda vez, cuando invitó a toda mi familia, fui con mi mujer y con los niños, que eran pequeños. Habitualmente, mi mujer a las once se va a la cama, y allí eran las cuatro de la mañana. Aquel día habríamos debido embarcarnos para regresar a Italia. En aquel momento dije: «Comandante, yo me excuso, pero ¿sabes?, nos espera un largo viaje hoy, y Christine, por costumbre, se va a la cama a las once». Cuando regresamos a nuestra residencia, había una cartera de piel de cocodrilo, obsequio de Fidel a mi mujer, que ella aún conserva. Pero a él le gusta conversar. El nieto dijo a mis hijos: «Nadie se ha despedido nunca de mi abuelo»; yo me quedé así y dije: «Bueno, yo me he despedido y aún estoy vivo». Fidel era un hombre fascinante desde muchos puntos de vista. Dio la orden de que la trilogía fuera leída en todas las escuelas de Cuba, estaba verdaderamente entusiasmado con ella. Cuando fui la primera vez, estaba en el vestíbulo; él llegó con los tres volúmenes e, ignorando a todos los demás huéspedes, que eran siete u ocho, vino directo a mí y dijo señalando mis libros: «¿Cuánto hay de histórico y cuánto de imaginado en esta novela?». Y yo le respondí: «Todo lo que hay de histórico está en la novela, el resto lo he inventado yo». En aquel momento, pareció satisfecho.

Siempre a propósito de Alejandro, uno de los grandes misterios de la arqueología es esa famosa tumba

Es un poco un fastidio, en el sentido de que se continúa buscando algo que, en mi opinión, ya no existe. La necrópolis real fue casi seguramente la primera afectada por el *tsunami* que describe Amiano Marcelino, que lanzó las naves del puerto a siete kilómetros hacia el interior, otras sobre los tejados de las casas. Pero luego, a principios del siglo v, el emperador Teodosio prohibió la profesión de la religión pagana, con pena de muerte para quien hubiera sido sorprendido ofreciendo sacrificios a los dioses: los perseguidos se habían convertido a su vez en perseguidores. Ahora bien, en aquella situación fue destruida Olimpia, fueron abatidos los templos, destrozadas las estatuas y hecho de todo. ¿Cómo habría podido sobrevivir el símbolo mismo de la civilización pagana, es decir, el sepulcro de su fundador, en Alejandría? Yo no creo que pudiera sobrevivir: en todo caso, cuando colapsa una civilización colapsa todo.

¿Qué fin tuvo la Gran Biblioteca? La Gran Biblioteca fue destruida lentamente con la decadencia del país. San Juan Crisóstomo en una homilía, en el siglo V, dijo: «Las tumbas de los mártires no serán nunca olvidadas porque ofrecieron su sangre por Cristo, mientras que las tumbas de los más grandes dioses paganos serán olvidadas, nadie pensará ya en ellos. ¿Dónde está la tumba de Alejandro? Nadie lo sabe». Por tanto, en la época de San Juan Crisóstomo ya no se sabía dónde estaba la tumba de Alejandro. Yo estoy convencido, como en su tiempo lo estuvo un gran arqueólogo italiano que trabajaba en Alejandría, Achille Adriani, que los gigantescos monolitos de alabastro que están en el cementerio latino de Alejandría son cuanto queda del *dromos*, del corredor que conectaba el acceso a la cámara funeraria de Alejandro. Se han dicho de todos los colores: alguien incluso ha dicho que el cuerpo de Alejandro está depositado en Venecia, en la basílica de San Marcos, que dentro de la urna no está San Marcos, sino él. Yo publiqué un libro titulado *La tumba de Alejandro*, y estoy convencido de que ese libro se acerca bastante a la verdad. Alejandría perdió una ocasión enorme para echar luz sobre sí misma. En tiempos de Napoleón, la Alejandría moderna estaba totalmente sobre el istmo que se había formado en torno al dique artificial, construido en la antigüedad entre la tierra firme y la isla de Faro. Se había creado una breve península y Alejandría estaba allí, convertida en una pequeña aldea. Por tanto, queriendo, se la habría podido excavar toda: porque aquella ciudad moderna, aquella ciudadela, estaba en un sitio donde en la antigüedad solo estaba el mar. Un hecho interesante es lo que sabemos de un poeta, Lucano. El cual dice que las tumbas de los Tolomeo eran *piramides ac mausolea*, por tanto, en parte imitaban las tumbas egipcias más antiguas, las pirámides. El modelo lo veis en Roma con la Pirámide Cestia. Cestio había sido gobernador de Egipto, por tanto, reprodujo las que veía en la necrópolis real. O *mau-*

solea: el mausoleo era la tumba monumental de Mausolo, tirano, dinasta de Halicarnaso y de la Caria. Así que imitaban la tumba monumental egipcia indígena o la tumba monumental griega, una de las siete maravillas del mundo. Ahora bien, en realidad, las fuentes dicen que Alejandro fue sepultado según el rito macedonio. Esos bloques que vemos en el cementerio latino están pulidos por dentro, pero en bruto por fuera porque estaban cubiertos por un túmulo, y el túmulo sobre cámara sepulcral es el típico rito de sepultura macedonia. Así es la tumba de Filipo II, excavada por Andronikos en 1977, si no me equivoco, y que yo vi no mucho tiempo después.

Referencias

ENCUENTROS

La historia: instrucciones de uso
Vídeo realizado por Gabriele Marabini y Luca Crovi en exclusiva para los Amigos de Piero Chiara, y proyectado en ocasión de la concesión al ilustre escritor del premio Chiara a la Carrera, el 15 de octubre de 2017 en el Teatro Social de Luino (VA).
https://www.youtube.com/watch?v=dn2AvJy7Noo
Vídeo realizado el 30 de agosto de 2011 en la Piazza del Popolo, en Pesaro. Valerio Massimo Manfredi se cuenta en el formato cotidiano «Vida. Instrucciones de uso».
https://www.youtube.com/watch?v=4hyqtClIizg

La guerra de Troya
Texto extraído del programa de Rai cultura #*Maestri*, conducido por Edoardo Camurri, en mayo de 2020.
https://www.raiscuola.rai.it/storia/articoli/2021/03/Valerio-Massimo-Manfredi-a-Maestri-34411755-38od-4750-a120-029b664abfa9.html

Mi nombre es Nadie
Ponencia en el Teatro Público Ligure de Sori, en la provincia de Génova, en noviembre de 2018, con motivo de la publicación de *Il mio nome è Nessuno. Il ritorno*, Mondadori.
https://www.youtube.com/watch?v=MoAQo_T1j50.

La verdad de la novela histórica
Intervención extraída de la Rassegna di Saggistica «Grandi Autori», en el ámbito de Passaggi Festival, Fano. La intervención se desarrolló en la Piazza XX Settembre, el 30 de agosto de 2020.
https://www.youtube.com/watch?v=lHVtc76QiQg

Las siete maravillas del mundo antiguo
Ponencia en la Fiera delle Parole, el 10 de octubre de 2015, festival cultural y literario que se desarrolla con periodicidad anual en Padua, en el Palazzo della Ragione.
https://www.youtube.com/watch?v=KEsRoC8oxIY

Alejandro Magno y las siete maravillas del mundo antiguo
Contribución extraída de la segunda entrega del programa La7 Impero, emitido en 2008.
https://www.youtube.com/watch?v=H79D2LnTyLA&list=PLymADvAvUggZs7hqI6g_yF9mvJ81m36wP

Teutoburgo
Encuentro celebrado el 10 de octubre de 2016 en el Forum Guido Monzani, en Módena, con motivo de la publicación de la novela histórica *Teutoburgo*, Mondadori.
https://www.youtube.com/wath?v=72vFWR83QP8&t=234os

Sobre la traición
Este tema ha sido afrontado en la décima entrega del programa *Argo*, conducido por Valerio Massimo Manfredi en 2016, y emitido por Rai Storia.
https://www.raicultura.it/storia/articoli/2019/01/Argo-Il-tradimento-a648aa16-7324-4a2e-97ed-6792695db38f.html

La palabra es el medio, no el fin
Intervención de Valerio Massimo Manfredi en el Festival Noir organizado por el Ayuntamiento de Finale Emilia, el 4 de octubre de 2015.
https://www.youtube.com/watch?app=desktop&v=XiiNhuJKA40

ENTREVISTAS

Buscar el regreso
En esta entrevista, emitida en directo *on-line* con videochat, Valerio Massimo Manfredi fue entrevistado por Giovanni Favro, gracias también a las preguntas de los lectores. El diálogo se produjo el 10 de mayo de 2010, en el contexto del Salón del Libro de Turín, en el cual fue presentada la novela *La tumba de Alejandro*, Mondadori.
https://www.youtube.com/watch?v=8Ywj3KQ84yq&T=494s

Historia, magistra vitae
Entrevista de Monica Mondo a Valerio Massimo Manfredi, emitida en octubre de 2018 en el programa *Soul*, con motivo de la publicación de la novela *Quinto mandamiento*, Mondadori.
https://www.tv2000.it/soul/video/soul-valerio-massimo-ospite–di-monica-mondo/

¿Escribir historia o escribir novelas?
Se trata de un encuentro entre Valerio Massimo Manfredi y Alessandro Barbero, moderado por Silvia Ronchey, sobre el tema de las novelas históricas, de sus incongruencias y de sus libertades lingüísticas. El encuentro se desarrolló en Roma, en el Istituto Storico Medioevo, en el ámbito de la V Settimana di Studi Medievali, entre el 21 y el 23 de mayo de 2013.
https://www.youtube.com/watch?v=oCgFOaKLrXY

Contar quiénes somos
Entrevista de Luca Telese a Valerio Massimo Manfredi aparecida en el periódico *La Verità*.

Todos los caminos conducen a la historia
Entrevista de Ernesto Ferrero a Valerio Massimo Manfredi, en ocasión del premio Alassio per l'informazione Culturale, en 2013.
https://www.youtube.com/watch?v=Xq_tR1UilNw&t=2647s

Esta edición de *Vida e Historia*,
de Valerio Massimo y Fabio Manfredi,
se terminó de imprimir en Liberdúplex,
el 25 de abril de 2025